Empathie ohne Stress

Wie du Menschen mit deinem Mitgefühl hilfst und dich vor negativen Emotionen schützt | Ein praktischer Wegweiser für sensible Persönlichkeiten

Katrin Winter

© Copyright 2021 - Alle Rechte vorbehalten.

Rechtliche Hinweise:

Dieses Buch ist urheberrechtlich geschützt und nur für den persönlichen Gebrauch bestimmt. Ohne die Zustimmung der Autorin oder des Herausgebers darf der Leser keinen Inhalt dieses Buches ändern, verbreiten, verkaufen, verwenden, zitieren oder umschreiben.

Haftungsausschluss:

Die in diesem Dokument enthaltenen Informationen dienen nur zu Bildungs- und Unterhaltungszwecken. Es wurden alle Anstrengungen unternommen, um genaue, aktuelle, zuverlässige und vollständige Informationen zu liefern. Die Leser erkennen an, dass die Autorin keine rechtlichen, finanziellen, medizinischen oder professionellen Ratschläge erteilt. Durch das Lesen dieses Dokuments stimmt der Leser zu, dass die Autorin unter keinen Umständen für direkte oder indirekte Verluste haftet, die durch die Verwendung der in diesem Dokument enthaltenen Informationen entstehen, einschließlich, aber nicht beschränkt auf Fehler, Auslassungen oder Ungenauigkeiten.

Inhaltsverzeichnis

Einleitung 1

Was ist Empathie? 7
   Emotionale, kognitive und soziale Empathie 9
   Abgrenzung zu den Bereichen Hypersensitivität
   und Hochsensibilität 11

Empathie im Alltag 15
   Ich liebe meine Empathie – wenn ich allein bin 17
   Das verschlossene Herz - Warum es manchmal
   leichter ist, nichts zu fühlen 19
   Empathie, deine Gabe 20
   Gelebtes Mitgefühl im Alltag 21

Empathie und die Gefühlswelt 25
   Meine und deine Welt - worauf soll ich mich
   nun konzentrieren? 27
   Was bin ich, was bist du? 32
   Das offene Herz 35

Gutmütigkeit versus Sanftmut 39
   Dein Einfühlungsvermögen als positiver
   Beitrag mit Vorbildcharakter 42
   Anders zu dir stehen, anders wahrgenommen werden ... 43
   Der gesunde Zusammenhang zwischen
   Selbstbewusstsein und Empathie 45

Gesunde Grenzen setzen 49
   Innere Blockaden bezüglich deiner Grenzen 55
   Ein Nein ist kein hartes Herz 58

Empathie in Beziehung 61
Gesunde Beziehungen leben 65
Ein offenes Herz beibehalten 66
Das größere Bild der Beziehung 68

Empathie und Berufung 73
Vor- und Nachteile deiner Sensibilität 75
Empathie als Leuchtturm – finde deine
Berufung durch Mitgefühl 79
So findest du deine Berufung 80

Kommunikation 93

Praktische Übungen und Tipps 97
Spiritualität/Sinnsuche 100
Gemeinschaft 106
Beziehung zu dir selbst 117
Träume 119

Nachwort 125

Quellen und weiterführende Literatur 127

Einleitung

Liebe Leserin, lieber Leser,

willkommen in einem Raum, in dem du sein darfst. Diese Lesezeit schenkst du dir, um dich tiefer mit deinem Herzensthema auseinanderzusetzen. Sie gibt dir wertvollen Input und aufschlussreiche Informationen, sowohl auf der sachlichen als auch auf der seelischen Ebene.

Empathie ist die Gabe der Beherzten. Es lohnt sich, Zusammenhänge aus einer nüchternen Perspektive auf der Logikebene zu betrachten, um deine individuellen Muster und Persönlichkeitsmerkmale tiefer begreifen und lenken zu können. Damit einhergehend möchte die Gefühlsebene dich darin unterstützen, das Gelernte in deinen Alltag zu integrieren und umzusetzen.

Als Empath wirst du mit großer Wahrscheinlichkeit deine Entscheidungen intuitiv aus dem Bauch treffen und dein Leben danach ausrichten. Diese Herangehensweise kann klug und besonnen angewendet werden, je tiefer du deine eigenen Verhaltensweisen greifen und verstehen kannst. So gehen Logik und Gefühl, Kopf und Bauch Hand in Hand und lassen die Gabe der Empathie in deinem Leben mit neuer Kraft erblühen. Du lernst, fundierte Anregungen und Impulse für dich zu nutzen, um Muster, unter denen du bislang leidest, umzuwandeln. Dein Einfühlungsvermögen möchte dir in all deinen Lebensbereichen dienen und Räume schaffen, in denen eine heilsame Atmosphäre gedeihen kann.

Deine Erfahrungen im Zusammenhang mit Einfühlungsvermögen und Mitgefühl anderen gegenüber könnten bisher gegenteilige Ergebnisse erbracht haben:

Empathische Menschen fühlen sich sowohl im Beruf als auch auf dem Beziehungsfeld oftmals auf mehreren Ebenen verkannt. Aus gut gemeinter Motivation heraus übergehen sie, meist lange unbeachtet, ihre eigenen seelischen, materiellen und körperlichen Grenzen, um ihrem Umfeld Gutes zu tun. Sie möchten Verständnis ausdrücken, freundlich, zugänglich und hilfsbereit sein. Ihr Werteverständnis vom liebevollen Miteinander, Achtsamkeit und sanftem Umgang in einer emotional sicheren Umgebung dient ihnen als Grundlage für ihr Handeln und sie verstehen nicht, wie dies immer wieder zu entgegengesetzten Ergebnissen führen kann.

Sie müssen feststellen, dass sie sich ausgelaugt, ungesehen und ausgenutzt fühlen. Sie kämpfen mitunter mit Erschöpfung, Einsamkeit und Beziehungen mit einseitigem Input.

Aus einer getätigten Überstunde aus gutem Willen wird schnell ein für alle gewohnter Ablauf; die Akten landen wie automatisch nach Feierabend auf dem Schreibtisch des Empathen, denn er ist stetig zur Stelle. Ein Nein ist aus seinem Mund selten zu vernehmen.

Empathen schenken vieles extra: Extra Zuhör-Zeit, extra Kuchen backen, extra Arbeit, extra nachgeben, extra schweigen. Sie stecken einmal mehr einen unfreundlichen Spruch ein, werden einmal mehr verlassen und suchen doppelt und dreifach die Schuld bei sich. Viele geben sich mit fadenscheinigen Entschuldigungen zufrieden und erklären sich selbst das Verhalten ihres Gegenübers: „Er meint es nicht so. Sie hat eine harte Zeit, es ist sicher nur eine Phase. Ich wünschte mir an seiner Stelle auch, dass jemand für mich da ist und ich sein kann, wie ich grade bin."

Fühlst du dich mit diesen Fragen vertraut:

„Warum ich?"

„Warum bedient sich jeder wie selbstverständlich an meinen Ressourcen?"

Einleitung

„Warum beschleicht mich das Gefühl, dass etwas in Schieflage geraten ist – und fühle ich mich bei diesem Gedanken schuldig, weil es mir im Kern tugendhaft und erstrebenswert erscheint, für die Menschen, die ich liebe, jederzeit mein Bestes zu geben?"

Obwohl du oft müde und erschöpft bist, beschäftigst du dich in Gedanken mehr mit dem Wohlbefinden deiner Mitmenschen, als zu erspüren, was du gerade brauchst. Vielleicht hast du in Momenten der Überforderung auch schon plötzliche Wut verspürt, hättest am liebsten laut geschrien und deinem Frust Luft gemacht. Doch dann treten die guten alten Erklärungen zu Tage, mit denen du das Verhalten deines Gegenübers entschuldigst. Du hast die Wut verdrängt, die du ihm nicht zusätzlich zumuten wolltest. Deine Bedürfnisse nach dem Ausleben deines Mitgefühls und dem, was du brauchst, um ebenfalls genährt zu sein, führen immer wieder dazu, dass du dich mit dir selbst nicht im Reinen fühlst.

Empathen drehen sich ihrer Gabe gemäß um die Frage: Wie kann ich dazu beitragen, meinem Umfeld das Leben möglichst angenehm und schön zu gestalten und vor allem nicht mehr Anstrengung verursachen, als es bereits mit sich bringt? Wie kann ich durch mein Verständnis, Zurückstecken, Zuhören und Raum geben dir das Gefühl schenken, geliebt zu sein, angenommen, sein zu dürfen, wie du bist?

Hinter der Ausrichtung auf das Wohl anderer Menschen liegen oft tiefe Zweifel und Wunden vergraben. Vielleicht bewegt dich hintergründig die Frage nach deinem Selbstwert: „Würden andere dasselbe für mich tun?" Du umschiffst sie mit geschäftigem Treiben, doch lässt du sie zu, quält dich die mögliche Antwort. Werde ich gesehen? Werde ich wahrgenommen, interessiert sich jemand aufmerksam und ernsthaft für mein Befinden? Wann konnte ich zum letzten Mal mit jemandem, den ich liebe, darüber sprechen, wie es mir geht? Wen habe ich in der vergangenen Zeit ohne schlechtes Gewissen um Hilfe gebeten? Fühle ich mich nicht öfter einsam, als mir lieb ist, wenn ich abends von der Arbeit nach Hause komme? Ist mir nicht, um ehrlich zu sein, mein Job, mein Alltagsgeschehen viel mehr zuwider, als ich zugeben mag?

Die Wahrheit darüber, wie du dich heimlich fühlst, mag dich vielleicht sogar dazu bewegt haben, zu diesem Buch zu greifen. Du möchtest weiterhin ein empathischer Mensch sein und bleiben – es ist eine wunderschöne, erfüllende und gemeinschaftsfördernde Eigenschaft. Doch der Frust über die Schieflage möchte nicht länger ignoriert werden. Du möchtest lernen, deine Bedürfnisse für wertvoll zu erachten und ernst zu nehmen, ihnen zu begegnen und deine Empathiefähigkeit gesund und kraftvoll leben.

Vielleicht ahnst du bereits, dieses Wirrwarr gilt es zu entknoten. Sei ermutigt – die Erklärungen und Lösungen für dein Dilemma existieren. Dieses Buch gibt dir Werkzeuge an die Hand, um dein weiches Herz zu schützen, gesund und tief aufgehen zu lassen für die Herzen und Belange anderer Menschen, darin deinen Werten treu zu sein und dennoch neu an Kraft, Zuversicht, Horizont, Freude und einer Menge persönlichem Ausdruck zu gewinnen. Wäre es nicht wundervoll, beides miteinander zu kombinieren?

Wenn du dir wünschst,

- gleichzeitig kraftvoll und sanftmütig deinen Weg zu gehen und zu deiner Sensibilität zu stehen
- leidvolle Erfahrungen im Zuge deiner sensiblen, empathischen Haltung zu minimieren
- von deinem Umfeld als Mensch mit Charakter und individuellem Ausdruck wahrgenommen zu werden
- dass deine Freunde und Freundinnen von sich aus ein offenes Ohr schenken, damit auch du dein Herz ausschütten kannst und Empathie erfährst
- ohne schlechtes Gewissen klarere Grenzen ziehen zu können, die deinen Horizont erweitern, dich atmen lassen und die richtigen Menschen in dein Leben ziehen
- Mut zu finden, Situationen zu ändern oder zu verlassen, die dir nicht guttun
- Empathiefähigkeit zu erforschen und Teil einer Gesprächs-

> und Umgangskultur zu werden, die Mitgefühl und Miteinander wieder mehr in den Fokus rückt
> deine Berufung und deine Träume wieder mehr in den Fokus zu rücken und zu erfahren, was Empathie damit zu tun hat

bietet dir dieses Buch hervorragenden Inhalt mit viel Hintergrundwissen, Inspiration und praktischen Übungen.

Du lernst, was Empathie wirklich bedeutet, warum du dich manchmal so fehl am Platz und „anders" fühlst, wie deine Umwelt dich stark beeinflusst und dein Mitgefühl sich entweder förderlich oder destruktiv auf deine seelische Gesundheit und deine Beziehungen auswirkt.

Zudem erfährst du, wie bewusster Umgang mit Empathie deine Beziehungen verwandeln, deinen Stand am Arbeitsplatz verändern und deinem Selbstwertgefühl nachhaltig auf die Sprünge helfen kann.

Alten Strukturen werden durch frische, neue Gedanken und Gewohnheiten ersetzt und somit ein Leben auf Basis deiner Werte, nach deinen Bedürfnissen, Freuden und Wünschen möglich. Viele Tipps und Schreibübungen begleiten dich dabei.

Erlebe mit diesem Buch eine entspannte Reise in dein empathisches Seelenleben, viele aufgehende Lichter und neuen Mut, zu dir zu stehen. Werde deiner empathischen Begabung im vollen Umfang gerecht – auch und gerade für dich und dein seelisches, körperliches und geistiges Wohlbefinden.

Viel Spaß!

Was ist Empathie?

Empathie bezeichnet die Fähigkeit, sich in die Lebens- und Gefühlswelt eines anderen Menschen/Lebewesens intensiv hineinversetzen und seine Emotionen, Motive, Einstellungen und darauf aufbauende Verhaltensweisen nachempfinden und verstehen zu können. Ein empathischer Mensch ist fähig, unabhängig von seinen eigenen Emotionen in die Welt des anderen hineinzuschlüpfen. Er erlebt, was der andere erlebt, als stecke er in dessen Haut.

Carl R. Rogers, ein US-amerikanischer Psychologe und Psychotherapeut, drückte es treffend so aus: *„Empathisch zu sein, bedeutet, die Welt durch die Augen der anderen zu sehen und nicht unsere Welt in ihren Augen."*

Mitfühlende Menschen finden sich häufig darin wieder, in Momenten des gelebten Einfühlungsvermögens emotional mehr beim anderen zu sein, als bei sich selbst. Sie reagieren unmittelbar und instinktiv auf das Verhalten des Gegenübers, indem sie sich deeskalierend positionieren und dem anderen als Spiegel zur Verfügung stehen. Dabei nehmen sie ihre eigenen Empfindungen zurück.

Ist dein Gegenüber beispielsweise wütend auf dich und du kannst diese Wut nachempfinden, könnte deine erste Reaktion sein, zu adaptieren, indem du dich verkrampfst, versuchst, die Person zu beschwichtigen oder anderweitig die starke Emotion des anderen auszugleichen.

Empathen sehen sich der Herausforderung gegenüber, gleichzeitig zu fühlen, was der andere fühlt, darauf einzugehen und dennoch bei sich zu bleiben. Da die seelische Verfassung der Mitmenschen gleichsam der eigenen erlebbar ist, benötigt der gesunde Umgang mit dieser Gabe ein hohes Maß an Aufmerksamkeit.

Empathen neigen dazu, die emotionale Welt des Gegenübers mitgestalten zu wollen, ihm zu helfen, seine Gefühle zu navigieren, in seichtere innere Gewässer zu finden und tröstend, helfend, unterstützend zur Seite zu stehen. Weil sie unliebsame Gefühle wie Schmerz, Scham, Trauer etc. sehr stark mitempfinden, ist Empathie oft auch an Mitleid gekoppelt. Aufgrund dessen neigen Empathen dazu zu versuchen, die Seelen- und Lebensumstände von geliebten Menschen verbessern zu wollen. Es fällt ihnen mitunter schwer, nicht die Verantwortung für das Erleben des Gegenübers zu übernehmen.

Doch Empathiefähigkeit bedeutet bei weitem nicht nur eine Herausforderung: Sie ist ebenso ein wunderbares Werkzeug zur Gestaltung gelungener Beziehungen und zwischenmenschlichen Miteinanders. Empathischen Menschen kann es sehr viel leichter fallen, die Wurzeln von Konflikten zu erkennen, einzuordnen und Lösungen zu finden. Sie können sich tief liegende Muster bewusst machen und durch Mitgefühl und Verständnis anderen gegenüber einen offenen Raum schaffen, in dem alles sein darf. Als empathischer Mensch kannst du vermitteln: Du bist nicht allein. Ich fühle mit dir. Ich weine und lache authentisch mit dir und kann deiner Wahrnehmung folgen.

Hat ein empathischer Mensch gelernt, mit seiner Gabe verantwortungsvoll umzugehen, indem er in sich ruht und seine Bedürfnisse und Grenzen beachtet, ist er eine große Stütze in Partnerschaften, ein wertvoller Kontakt, zuverlässiger Freund und Vorbild für gelebte Mitmenschlichkeit.

Emotionale, kognitive und soziale Empathie

Unterschieden wird im Allgemeinen zwischen drei Arten von Empathie: emotionale, kognitive und soziale Empathie.

Mit **emotionaler Empathie** ist es dir ein Leichtes, aufwallende Emotionen und Gefühle deines Gegenübers beinahe in Echtzeit wahrzunehmen, nachzuempfinden und mitzuerleben, als seien es deine eigenen. Sind dir Situationen vertraut, in denen du bei Betreten eines Raumes sofort in der Luft liegende Atmosphären, Gefühle und Emotionen wahrnehmen kannst? Fühlst du dich mitunter schlagartig anders als zu dem Zeitpunkt, bevor du in die Nähe der im Raum anwesenden Menschen getreten bist? Nimmst du die plötzlich wechselnde Stimmung deines Partners wahr, ohne dass seine Bewegungen, Mimik und Tonalität dir Aufschluss über den emotionalen Zustand geben? Kannst du den Schmerz deiner Freundin mitspüren, wenn sie von einer Trennung berichtet, als sei es dein eigenes Erleben?

Dann bist du wahrscheinlich ein emotional empathischer Mensch.

Emotionale Empathie ist essenziell für das Gelingen naher, intimer Beziehungen. Sie macht es dir möglich, auf die Bedürfnisse des anderen einzugehen und ihnen nach deinen Möglichkeiten zu begegnen. Im Zusammenleben und der Kommunikation macht sie es leichter, einen gemeinsamen Raum zu gestalten, in dem beide Charaktere Ausdruck finden und sein dürfen. Emotionale Empathie hilft außerdem, die Wechselwirkungen im gegenseitigen Verhalten zu verstehen, zu beeinflussen und positiv zu lenken.

Dieses Buch befasst sich vorrangig mit emotionaler Empathie als Grundlage für einen gesunden Austausch mit sich selbst und anderen. Doch auch kognitive und soziale Empathie ist von nicht unerheblicher Bedeutung und meist sind emotional empathische Menschen auch auf diesen Gebieten sensitiv und begabt.

Die **kognitive Empathie** bezeichnet die Fähigkeit, Verhaltensweisen, Einstellungen, Gefühlswelten, Motive und Entscheidungen eines anderen mit deinem Verstand und deiner Vernunft nachvollziehen zu können. Du kannst dir herleiten, wie und auf welchem Wege die Person zu ihren Schlussfolgerungen gekommen ist und verstehst den zugrunde liegenden Prozess. Du reagierst jedoch selbst nicht emotional darauf, es löst nicht die Gefühle in dir aus, die dein Gegenüber vorweist.

Kognitive Empathie erlaubt es dir, einen Menschen in seinen Verhaltensweisen kennen zu lernen, einzuschätzen und ihm eine gewisse Schublade zuzuweisen, der gegenüber du dich wie gewünscht positionieren kannst. Im Gegensatz zur emotionalen Empathie bist du in deinen Urteilsmöglichkeiten insoweit eingeschränkt, als dass du das tiefe Seelenleben des Menschen nur aus dem herleiten und erahnen kannst, wie er sich nach außen verhält. Du kannst jedoch damit schon ahnen, ob dies ein Mensch sein könnte, mit dem du dich gut verstehen und gerne Zeit verbringen möchtest. Du kannst beurteilen, welche Herausforderungen im Umgang mit diesem Menschen auftreten und welchen er sich selbst gegenübersieht.

Kognitive Empathie eignet sich gut für therapeutische Berufe oder Leitungspositionen. Gestik, Mimik, Ausdrucksweise und soziales Verhalten deiner Klienten und Mitarbeiter geben dir genügend Aufschluss darüber, was in ihnen vorgeht, ohne, dass du emotional davon betroffen sein musst. Du kannst andere Menschen in ihren Prozessen unterstützen und ihnen durch dein kognitives Empathievermögen Hilfestellung bieten, Rat geben und größere Zusammenhänge wie beispielsweise Familien- oder Firmenstrukturen erkennen, einordnen und darauf basierend kluge Entscheidungen treffen.

Soziale Empathie befähigt dich dazu, Verständnis für das größere Ganze zu entwickeln. Kulturelle, geschichtliche und ethnologische Hintergründe formen und beeinflussen ganze soziale Gefüge und Systeme. Mit sozialer Empathie kannst du das Geschehen herleiten und verstehen. Sie macht es dir möglich, die Lebenswelt von Menschen unterschiedlicher sozialer und kultureller Herkunft und Umwelt greifen zu können und angemessen darauf zu reagieren, selbst, wenn du in vollkommen anderen Umständen aufgewachsen bist und lebst. Auch religiöse Hintergründe und bisher unbekannte Weltsichten und Perspektiven kannst du dir durch soziale Empathie zugänglich machen. Du wirst dich zum Beispiel nie vollends in das Erleben und die alltäglichen Herausforderungen eines Menschen mit schwarzer Haut hineinversetzen können, wenn du weiß bist, doch du wirst dir authentisch vorstellen können, auf welche Art und Weise Rassismus im kleinen und großen Bild sowohl Individuen als auch geschichtliche Strukturen und soziale Gefüge beeinflussen. Du entwickelst ein authentisches Mitgefühl und unter Umständen bildet sich daraus auch der Wunsch, für das Gemeinwohl tätig zu werden.

Abgrenzung zu den Bereichen Hypersensitivität und Hochsensibilität

Von dem Begriff der Empathie abzugrenzen sind Bereiche wie **Hypersensitivität oder Hochsensibilität**.

Über einen hochsensiblen Menschen prasseln äußere Reize besonders im zwischenmenschlichen Bereich mehr oder weniger ungehindert und ungefiltert herein. Er reagiert auf seine Umwelt oft überfordert und überreizt, da er Gefühle und Verhalten anderer Menschen, Umwelteinflüsse und andere Reize überdeutlich und stark wahrnimmt.

Hochsensibilität wird in unserer Gesellschaft bis heute kritisch beäugt. Betroffene erleben sich mit Vorurteilen konfrontiert: Es wird ihnen Überempfindlichkeit unterstellt, mimosenhaftes Gebaren oder der Wunsch nach Aufmerksamkeit durch „Sonderbehandlung". Menschen in ihrem Umfeld fällt es oft schwer, ihrerseits empathisch den speziellen Bedürfnissen von hochsensiblen Menschen zu begegnen.

Der Unterschied von Hochsensibilität zur Empathie zeigt sich darin, dass hochsensible Menschen vorrangig ihre eigenen Gefühle und Eindrücke verstärkt wahrnehmen. Hochsensibilität bezieht sich auf ihr persönliches Erleben, während Empathie sich in das Umfeld hineinversetzt und die Gefühle anderer mit spürt.

Eine Hypersensitivität bezieht sich vorrangig auf Reize, die über die fünf Sinne übertragen werden und den hypersensitiven Menschen in ähnliche Überforderungsmomente versetzen. Er wird damit konfrontiert, sich gegenüber diesen Reizen anders positionieren zu müssen als Menschen ohne diese Sensibilität, um sich ihnen nicht ausgeliefert zu fühlen und darunter zu leiden. Sein Körper und die Rezeptoren im Gehirn können die Reize nicht filtern und auf eine Weise verarbeiten, die es möglich macht, angemessen darauf zu reagieren. Extreme körperliche und emotionale Stresssymptome bis hin zu körperlichen Schmerzen können eine Folge dieser dauerhaften Überforderung darstellen.

Hypersensitive oder hochsensible Menschen meiden oft große Menschenansammlungen, benötigen mehr Ruhe und Freiräume, sind im Job weniger belastbar und reagieren unflexibler auf spontanen Druck. Wenn sie nicht auf sich achten, leiden sie unter Symptomen wie Magen- oder Kopfschmerzen, sind häufiger verstimmt und emotional unausgeglichen.

Zusammenfassung

Hochsensibilität und Hypersensitivität sind Eigenschaften, die sich auf den sensiblen Menschen und seine Gefühlswelt und Wahrnehmung gegenüber seiner Umwelt beziehen.

Empathie hingegen geht weg vom eigenen Erleben, versetzt sich in die Welt eines anderen Individuums hinein. Sie ist die Fähigkeit, das eigene Empfinden zu verlassen, um den Empfindungsraum des Gegenübers zu betreten.

Der Empath trägt die volle Spannbreite seines eigenen Innenlebens und ist durch das gleichzeitige Erleben fremder Emotionen herausgefordert, sein Empfinden klug zu managen und bei sich zu bleiben.

Inspiration

So zeigt sich meine Empathie:

Um dich selbst besser kennen zu lernen und in diesem Buch nicht nur auf Entdeckungstour zum Thema Empathie, sondern auch intensiv auf Tuchfühlung mit dir selbst zu gehen, kannst du folgende Sätze ganz deinem inneren Empfinden und Belieben nach vervollständigen. Es gibt kein Richtig und Falsch. Fühle dich frei, alle Gedanken auszudrücken, die spontan in dir auftreten, ob positiv oder negativ. Es dreht sich eher um eine Art Bestandsaufnahme, als um eine Kategorisierung. So entdeckst du leicht und spielerisch, wie du aktuell dem Thema Empathie gegenüberstehst und was du in dir selbst davon entdeckst.

- ⇨ „Nichts bereitet mir größere Freude, als ..."
- ⇨ „Mein Leben gewinnt an Farbe, Tiefe und einem Gefühl der Erfüllung, wenn ..."
- ⇨ „Wenn es mir nicht gut geht, wünsche ich mir, dass mein Gegenüber ..."
- ⇨ „Wenn es meinem Gegenüber nicht gut geht, tendiere ich dazu ..."
- ⇨ „Das Wort „Hilfsbereitschaft" löst in mir aus ..."
- ⇨ „Einer der wichtigsten zwischenmenschlichen Werte ist für mich ... er drückt sich in meinem täglichen Leben aus durch ..."
- ⇨ „Ich möchte mich mit Menschen umgeben, die ..."

Tipp: Wenn du spürst, dass sich aus den einzelnen Sätzen ein längerer Gedankenstrang entwickelt, folge ihm nach Belieben! Es kann sehr guttun, seine Empfindungen auf Papier zu bringen und sich ihnen damit tiefer zu öffnen. Es kann durchaus sein, dass du auf diesem Wege interessante innere Entdeckungen machst.

Empathie im Alltag

„Mitgefühl bedeutet nicht, dass ich mir vorstelle, wie ich mich anstelle des anderen fühlen würde oder wie er sich fühlt. Mitgefühl bedeutet, dass ich fühle, was er fühlt. Ganz unmittelbar. In mir selbst, in meinem Herzen."

Safi Nidiaye

Empathen leben stark auf der Gefühlsebene. Dies hat nicht unbedingt zur Folge, dass sie von ihren Emotionen hin und her geworfen werden oder ständig damit beschäftigt sind, ihre Triggermomente zu verarbeiten – wenn dies auch einen starken Teil der gelebten Empathiefähigkeit einnehmen kann.

Empathie führt vor allem dazu, dass alltägliche Situationen wie Gespräche beim Kaffee, Konflikte im Job oder private Beziehungen stark auf der Ebene der inneren Befindlichkeiten wahrgenommen und gestaltet werden.

Selbstverständlich spielen auch die logische Ebene, Verstand und Sachebene eine Rolle, doch das Bauchgefühl und das Seelenleben der Beteiligten sind für den empathischen Menschen das Kernelement für die Herangehensweise an jedweden Lösungsprozess.

Stehen zum Beispiel im Job personelle Veränderungen an, legt eine empathische Leitungspersönlichkeit besonderes Augenmerk auf das Klima im Team – und zwar nicht vorrangig aus strategischer Motivation heraus, sondern weil es ihren Werten entspricht, ein angenehmes Arbeitsklima unter den Mitarbeitern zu fördern – für deren seelisches Wohlbefinden. In der Empathie spielt also auch ein gewisser Altruismus eine bedeutende Rolle.

Wenn ein empathischer Mensch neue Freundschaften schließen möchte, folgt er dabei seinem Herzen. Selten wird er sich dazu hinreißen lassen, Beziehungen aufgrund von eigenem, sachdienlichem Vorteil zu knüpfen oder um sein persönliches Wertegefühl mit besonders „hippen" Persönlichkeiten aufzupolieren. Vielmehr achtet er darauf, welche Menschen selbst gerade vielleicht Freunde brauchen, wo er Einsamkeit entgegenwirken kann und mit wem er eine offene, intime Atmosphäre erlebt, die sich in Gesprächen um authentischen, ehrlichen Austausch bemüht.

Empathie dient außerdem als innerer Antrieb für den Wunsch nach Weiterentwicklung, innerer Heilung und Persönlichkeitsentwicklung. Da Empathen sich selbst und ihre Mitmenschen verstehen und erkennen möchten, gelingende Beziehungen als wahren Erfolg sehen und in Verbindung aufblühen, ist die Arbeit an sich selbst für sie nicht etwa eine Last, sondern oft von tiefer Freude und Leidenschaft begleitet. Wenn empathische Menschen sich selbst ein Stück besser kennen gelernt haben, eine neue Erkenntnis über innere Belange oder eine Investition in ein persönlichkeitsentwickelndes Coaching tätigen können, haben sie das Gefühl, ihre Energie gut angelegt zu haben. Ihr Fokus liegt auf dem Innenleben des Menschen, welches sich nach außen zeigt. Materielles ist ihnen meist weniger wichtig, es sei denn, es trägt zu einem positiven inneren Lebensgefühl bei, welches nicht mit oberflächlicher Bedürfnisbefriedigung zu verwechseln ist.

Im Kern mag man meinen, alle Menschen sind von Natur aus auf die eine oder andere Weise empathisch. Die meisten Menschen können bis zu einem gewissen Grad Atmosphäre im Raum erspüren, nehmen wahr, wenn es einem geliebten Menschen nicht gut geht und spüren Mitgefühl mit einem weinenden Kind. Alles dies sind Anzeichen für empathische Regungen in uns. Empathiefähigkeit macht uns menschlich – als soziale Wesen mit natürlichem

Gemeinschaftssinn ist Mitgefühl daher auch in unserer Natur angelegt.

Doch Menschen, deren Gabe besonders ausgeprägt ist, erleben beinahe ununterbrochen auf der Gefühlsebene die Welten ihres Gegenübers mit. Sie beziehen die Befindlichkeiten in ihre Handlungsentscheidungen mit ein und beachten, welche Auswirkungen ihr Verhalten auf ihre Mitmenschen hat. Das Erleben anderer bewegt ihr Leben buchstäblich mit, wie bei einem gemeinsamen Tanz – den ganzen Tag hindurch.

Daher mag es für dich mitunter anstrengend sein, dich unter vielen Menschen aufzuhalten oder pausenlos Gespräche zu führen, auch, wenn du im Grunde nichts lieber tust. Verbindung zu schaffen, ist für dich eine tief erfüllende Angelegenheit und doch musst du mit deiner Energie klug haushalten. Gerade wenn du noch am Anfang damit stehst, auf dich zu achten und dir selbst Raum zu geben, ist es wichtig, dir Zeit zu nehmen, ausschließlich deiner eigenen Befindlichkeit nachzuspüren, dich wieder neu zu zentrieren und bei dir anzukommen. Ruhige Phasen, gern auch ganze Tage, in denen du nur für dich bist in einer Umgebung, die dir guttut, sind Balsam für deine Seele. Hier kannst du auftanken, dein Erleben reflektieren und dich neu ausrichten. So bereitet es dir auch wieder Freude und Erfüllung, deine mitfühlende Ader in das gesellschaftliche und soziale Leben hineinfließen zu lassen.

Ich liebe meine Empathie – wenn ich allein bin

Dieser Gedanke mag dir bekannt vorkommen: Wenn du dich allein in deinem Zimmer befindest, wo du dich wohl, sicher und zuhause fühlst, wenn du dich gefahrlos verletzlich zeigen kannst, deine eigene Atmosphäre erschaffst und dich auslebst, bedeutet deine Empathiefähigkeit dir eine ganze Menge. Du bist der Meinung, die Welt wäre ein besserer Ort, wenn alle gleichermaßen nicht nur ich-zentriert auf sich selbst und ihre Belange achten würden, sondern das Wohl des anderen und der Gemeinschaft immer mit im Blick behielten. Wie wunderschön wäre es, nähmen wir regelmäßig echt und tief Anteil am inneren und äußeren Geschehen im Leben unserer Mitmenschen, zeigten Verständnis und Hilfsbereitschaft und signalisierten einander: Ich bin für dich sicher, bei mir darfst du sein.

Du wünschtest, die Gesellschaft baue viel mehr auf das Miteinander, anstatt auf Konkurrenz und Wettstreit. Ellenbogengehabe erscheint dir äußerst anstrengend und oft beschleicht dich das Gefühl, in dieser Umgebung nicht ganz richtig am Fleck zu sein – nichtsdestotrotz bemühst du dich, Schritt zu halten, indem du einfach anstelle deines Umfeldes mehr und mehr bietest und gibst:

Du bist gern bereit, andere in schmerzlichen Situationen beiseite zu stehen, hörst zu, fungierst als zuhörendes „Tagebuch", übernimmst zusätzliche Aufgaben für die kranke Kollegin, obwohl du selbst schon am Limit bist - denn, so sagst du dir, andere haben es schlechter als du; du kannst es spüren. Dein Mitgefühl drängt dich zu handeln: Du kannst helfen, also stellt sich die Frage nach dem „ob" selten.

Selbst wenn du klar spürst, du wirst ausgenutzt, ertappst du dich dabei, dir selbst Erklärungen für das Verhalten anderer Menschen an die Hand zu geben, die es dir erleichtern, dich in ihre Situation hineinzuversetzen und damit Verständnis und Akzeptanz zu zeigen – ganz so, wie du es dir im tiefsten Inneren ebenso wünschst.

Deine Mitmenschen bewerten dein Verhalten jedoch oft anders als du es an ihrer Stelle tun würdest:

➢ Deine Hilfsbereitschaft wird schnell als selbstverständlich genommen.

➢ „Das macht dir doch nichts aus, oder?" „Ich brauch jetzt ganz schnell jemanden, der mir zuhört!" „Du kannst mich so gut verstehen, kannst du mir aus dem Schlamassel helfen?"

➢ Du siehst dich der Unterstellung von Gutmütigkeit gegenüber, wirst nicht ernst genommen und selten nach deinem Wohlbefinden gefragt.

> Im Gespräch hörst du weit mehr zu, als selbst zu sprechen.
> Du findest dich in ungleichen Beziehungen wieder: Du trägst andere durch, deine Freunde verfügen nicht über die Ressourcen, dich ebenso zu unterstützen oder sie drehen sich mehr um sich selbst.

Das verschlossene Herz - Warum es manchmal leichter ist, nichts zu fühlen

Doch es ist nicht nur in diese Richtung kompliziert: Auch dein Empfinden anderen gegenüber stellt sich als schwierig dar:

Dich überkommt immer wieder ein Gefühl des Andersseins – deine Umwelt erscheint dir hartherzig und du findest dich regelmäßig darin wieder, andere auf ihre Vertrauenswürdigkeit zu prüfen. Du möchtest dich gerne mit Menschen umgeben, die ebenso fühlen wie du, doch da viele nicht denselben Anspruch an Empathie und Mitgefühl sich selbst gegenüber hegen, fühlst du dich fremd. Eventuell kapselst du dich ab. Du kennst andere sehr gut, weil sie sich bei dir sicher fühlen und sich öffnen, doch wer kennt dich im Gegenzug wirklich? Wem öffnest du dich und vertraust dich an, zeigst deine Verletzlichkeit und deine sanfte Seite? Du wirst hin und wieder als verweichlicht wahrgenommen, doch ist das wirklich die Sanftheit, von der du dir wünschst, dass sie wahrgenommen wird?

Im Kontakt fragst du dich oft: Bin wirklich ich gemeint? Siehst du mich? Du spürst, dass du anderen guttust und freust dich darüber. Es entspricht deiner empathischen Ader, sie voll und ganz auszuleben. Doch wie kann die Waagschale auf deiner Seite befüllt werden?

Am drängendsten scheint die Frage: Warum werde ich als schwach angesehen? Wie kommt es dazu, dass mein offenes Herz Mal um Mal von meiner Umgebung als Nachteil empfunden wird, mit dem ich nicht ernst genommen werde?

Empathie, deine Gabe

Empathen machen durchaus auch sehr gute Erfahrungen mit ihrer Begabung. Meinst streben sie nach Tiefe, wahrhaftigem Austausch, nach Gesprächen, die sich um das Wesentliche im Leben drehen. Sie wünschen sich, dass die Treffen mit ihren Liebsten fruchtbar sind, der Austausch sie selbst und andere weiterbringt, neue Erkenntnisse entfaltet, die Intimität vertieft oder Hilfestellung in schwierigen Situationen bietet.

Empathische Menschen haben eine tiefe Sehnsucht danach, das Leben voll und ganz schmecken zu können. Sie möchten das Wesen der Dinge erfassen, ein Gegenüber in der Seele erkennen und verstehen, woher er kommt, was ihn treibt und wie sie einen positiven Input in seinem Leben hinterlassen können. Sie fühlen sich zutiefst belebt, wenn die Gespräche sich um echte Gefühle drehen, fernab von jeglicher Oberflächlichkeit.

Wenn ein empathischer Mensch Beziehungen dieser Art pflegt, empfindet er darin tiefe Erfüllung. Er fühlt sich angekommen und als Teil von etwas Größerem, unter anderem dadurch, dass er allein durch sein Wesen einen unmittelbar positiven Beitrag zum gemeinschaftlichen Leben geben kann. Er baut nicht so sehr auf materiellen Reichtum oder besonderen Erfolg, der ihn auszeichnen und ihm ein Wertegefühl vermitteln soll. Tiefe ist ihm wichtiger als Ausbreitung.

Vielleicht kennst du das: Wenn du in dir ruhst, ist da wenig, was deinem Glück noch fehlt. Zusätzlicher Erfolg im Beruf und der Lebensführung befähigt dich auf unterschiedlichen Ebenen zu besonderer Dankbarkeit, was dich wiederum noch tiefer in die Sinnhaftigkeit des Lebens zieht. Du erkennst all dies als positiven Überfluss an und bleibst weiter zentriert auf deine Beziehungen und den emotionalen Austausch.

Empathie ist das Bindeglied zwischen deinem Selbst und den anderen, dem Innen und Außen. Sie hilft, tiefer zu ergreifen, auf welche Weise alles miteinander verbunden ist und in Wechselwirkung eine gemeinsame Realität gestaltet. Hast du das Glück, empathisch zu empfinden, erkennst du das tiefere Wesen in deiner Umwelt und anderen Individuen und kannst die Verbindung wahrnehmen, spüren bzw. leichter herstellen. Du findest schnell Anknüpfungspunkte und kannst Verständnis vermitteln und leben. So trägst du maßgeblich zu einem friedvoll gelebten Miteinander mit Mensch, Tier und Umwelt bei.

Empathische Menschen finden sich oft in humanitären Berufen wieder und legen ein starkes Werteverständnis von Frieden und Freiheit an den Tag. Sie sind nicht die Weichspüler, als die sie von außen oft fälschlicherweise bezeichnet werden. Im Gegenteil: Ein weiches Herz, welches in gesundem Selbstbewusstsein ruht, ist für eine Gesellschaft auf Basis von Humanität, Gleichheit, Gerechtigkeit und Barmherzigkeit unverzichtbar.

Lass uns gemeinsam herausfinden, wie du als empathischer Mensch deine Herausforderungen meistern, deine Begabungen schulen und ausleben und deine sensiblen Punkte verstehen und positiv umdeuten kannst. Somit wird deine Empathiefähigkeit für dich und andere von Tag zu Tag mehr zum Segen und einer geliebten und gelebten, starken Charaktereigenschaft.

Gelebtes Mitgefühl im Alltag

Als Empath hebst du dich in deinem Umgang mit anderen Menschen besonders durch deine Reaktionen auf deren Lebenswelten ab: Es ist dir ein natürliches Bedürfnis, aktiv und aufmerksam zuzuhören und mit deinen Gedanken bei der Sache zu sein, wenn dir jemand sein Herz ausschüttet. Dir ist bewusst, dass seine Geschichte nicht durch deine Augen, sondern durch seine eigenen gesehen und verstanden werden möchte. Darum bereitet es dir keine Schwierigkeiten, deine eigenen Urteile und Ansichten beiseite zu legen und dich voll und ganz auf die Welt einzulassen, die sich dir durch die Ausstrahlung, Worte, Haltung und die nonverbalen Signale im Gespräch eröffnet. Du legst Wert darauf, dem anderen dort zu begegnen, wo er steht und ihn in seinem Prozess freimütig zu unterstützen.

Deine Intuition weist dir vertrauenswürdig den Weg ins tiefste Herz deines Gegenübers. Schnell erkennst du, was die Person ausmacht und welche Grundausstrahlung sie mit sich bringt. Du bist immer wieder herausgefordert, dir selbst in diesem Bereich zu vertrauen, denn du möchtest das Gute im anderen sehen und bist jederzeit bereit, dich eines Besseren belehren zu lassen, wenn du eine unangenehme, negative Art wahrnimmst. Somit kennst du auch Phasen, in denen du nicht ganz bei dir und deiner Wahrnehmung bleibst und dich verunsichern lässt, doch am Ende erweist dein erster Eindruck sich oft als treffsicher.

Nichtsdestotrotz veranlasst dein Mitgefühl dich dazu, nicht zu verurteilen, was du wahrnimmst, sondern zu verstehen, wie es dazu kommen konnte. Du vollziehst den Schmerz nach, der Menschen mitunter dazu antreibt, lieblos oder unüberlegt zu handeln und bist immer bestrebt, deinem Gegenüber eine unterstützende Hand zu reichen, um das Durcheinander in seinem Leben wieder aufzuräumen.

Ein Fallstrick kann sich darin zeigen, dass du zu lange bereit bist, auch in deinem privaten Umfeld, welches für dich selbst ein sicherer Ort sein sollte, zu viele Grenzüberschreitungen oder anderweitig respekt- und liebloses Verhalten dir gegenüber zu dulden. Du erträgst Situationen lange, die andere, weniger empathische Menschen vielleicht schon nach kürzester Zeit unterbrochen oder verlassen hätten. Dazu gehören Partnerschaften, in denen deine Gutmütigkeit ausgenutzt wird oder Freundschaften, in denen du eher als praktischer Tippgeber oder allzeit offenes Ohr benutzt wirst, anstatt als Freund auf Augenhöhe mit eigenen Bedürfnissen, Wünschen und Ansprüchen an die Beziehung.

Des Weiteren gestaltet es sich als herausfordernd, mit Menschen in deinem nahen Umfeld zusammen zu leben, die mit ernsthaften psychischen Problemen zu kämpfen haben: Selbst, wenn du dem Wesen nach ein fröhlicher, leichtherziger Mensch bist, kann es vorkommen, dass du unter beispielsweise depressiven Verstimmungen oder Erkrankungen anderer annähernd so leidest wie sie: Du spürst die Atmosphäre eins zu eins, die sie in sich erleben und damit um sich herum verbreiten. Dies kann zu Verwirrung führen. Woher kommen diese Gefühle, sind es deine eigenen oder die deines Gegenübers? Wie kannst du damit umgehen, wenn du spürst, du liebst diese Person und möchtest ihr helfen, doch wirst stark mit beeinflusst von deren Stimmung? Wie kannst du gesunde Grenzen setzen und weiterhin die Beziehung pflegen – und wann ist das einzig hilfreiche die Beendigung einer Verbindung zu deinem eigenen Wohl?

> **Inspiration**
>
> ⇨ Stelle dir in einer Meditation vor, wie du in deiner empathischen Gabe voll und ganz aufgehst, während du mit einem Freund oder einer Freundin ein tiefes Gespräch führst. Gib dich ganz dem Gefühl der Freude und Erfüllung hin, welches in dir ausgelöst wird, wenn ihr euch beide voneinander begriffen und verstanden fühlt. Spüre deiner Körperhaltung während des Gesprächs nach, wie fühlst du dich in deiner Haut? Bist du gelöst und entspannt? Wie sieht idealerweise eure Umgebung aus? Seid ihr gemütlich zuhause, allein oder umgeben von anderen Menschen? Erstelle dein ideales Wohlfühl-Szenario für ein solches Gespräch.
>
> ⇨ Schreibe zehn Eigenschaften im Zusammenhang mit deiner Empathiefähigkeit auf, die du an dir liebst und schätzt. Danach stelle dir vor, wie es ist, jemanden zum Freund zu haben, der dir diese Eigenschaften in der Beziehung ebenfalls entgegenträgt. Schreibe darüber, wie sich dies auf dein Gefühl auswirkt, geliebt und angenommen zu sein und dich in der Freundschaft sicher zu fühlen.
>
> ⇨ Stelle dir vor, die Gesellschaft, in der du lebst, wäre von Empathie durchtränkt. Beschreibe, wie eine Gesellschaft dieser Art aussehen mag. Alles ist erlaubt – lass deine Fantasie spielen und erlaube dir, dir dein persönliches Utopia vor Augen zu halten.

Empathie und die Gefühlswelt

„Teilnahme ist der goldene Schlüssel, der die Herzen anderer öffnet."

Samuel Smiles

Der Wecker klingelt. Völlig erschlagen wachst du auf und rappelst dich aus dem Bett. Nebenan hörst du bereits dein Kind im Zimmer poltern – ein Gefühl der Überforderung macht sich in dir breit, noch bevor du deinen warmen Pullover überstreifen konntest. Du hast dir den Wecker früher gestellt, um in Stille in den Tag starten und deinen Kaffee allein genießen zu können. Nun siehst du die Ruhe schwinden, noch bevor du vollends aufgestanden bist, das Kind ist wider Erwarten schon wach.

Bereits leicht gereizt stapfst du in die Küche und schaltest den Wasserkocher ein. Unmittelbar steht das Kind in erwartungsvoller Haltung in der Küche. Du spürst sein Bedürfnis nach Nähe stark im Raum. Gespannt blickt es dich an. „Guten Morgen!", versuchst du zu lächeln, „hast du gut geschlafen?" Dir fällt auf, dass der Unterton in deiner Stimme nicht zu überhören ist, du klingst verkrampft und unauthentisch. Du fühlst die Eskalation bereits nahen und wirst nervös.

„Ich finde meine Klamotten nicht!", schnauzt dein Kind dich statt einer Antwort an. Es funkelt wütend und stampft mit den Füßen auf den Boden. „Und außerdem habe ich meine Hausaufgaben vergessen!" Sein Blick sagt: „Bring das gefälligst in Ordnung!"

Plötzlich ist alles in dir auf Krawall gebürstet, noch bevor du deinen ersten tiefen Atemzug, geschweige denn den ersten Schluck Kaffee zu dir nehmen konntest. Du kennst diese Situationen bereits, doch es überkommt dich immer wieder neu: Du spürst die Hitze auf deinem Rücken, die nervösen Glieder, die Wut in deinem Bauch, Erschöpfung. Gleichzeitig nimmst du in Echtzeit die Sekundenbruchteile wahr, in denen die Stimmung deines Kindes sich vom Moment des Erscheinens in der Küche bis zur Beendigung seiner Ansage verändert hat:

Du hast dich nicht wahrhaftig ausgedrückt und konntest dem Bedürfnis deines Kindes nach der allmorgendlichen Umarmung nicht entgegenkommen, weil du bereits mit deinem eigenen Gefühl der Überforderung zugange warst. Du hast wahrgenommen, dass dein Kind deine unauthentische Stimmung bemerkt und sich nicht gesehen gefühlt hat, dadurch ebenfalls überfordert war und wütend wurde.

Es geht nicht um die Hausaufgaben oder die Kleidung. Ihr seid beide überfordert, kommt mit der Situation nicht zurecht und wünscht euch voneinander Verständnis, Liebe und Achtsamkeit (wobei du als Erwachsene mehr in der „Bringschuld" bist als dein Kind und dadurch zusätzlichem Druck ausgeliefert bist)– und du erlebst beides zur gleichen Zeit.

Solchen Situationen begegnest du als Empath mehrmals täglich: Im Kontakt mit anderen treffen immer wieder unterschiedliche Bedürfnisse aufeinander. Oft sind sie einander entgegengesetzt oder die Kommunikation verläuft nicht authentisch. Nur wenige Prozent von dem, was wir eigentlich meinen, drücken wir verbal aus (mehr dazu im Kapitel zur Kommunikation). Der Rest der Verständigung läuft über Ausstrahlung, Körperhaltung, Mimik und Tonalität. Wir nehmen viel mehr wahr als gesagt wird und in Situationen wie den oben genannten gestaltet es sich für einen empathischen Menschen als Herausforderung, nicht sofort zu reagieren, obwohl der eigene Überforderungspegel vielleicht schon vorangeschritten ist. Es kann helfen, inne zu halten, den Moment zu beobachten und sich innerlich zu sammeln, bevor man reagiert.

Hinzu kommt, dass du vom Erleben deines Gegenübers oft mehr Hintergründiges spürst, als dieser selbst im Blick hat. Dies führt im weiteren Verlauf des Umgangs miteinander dazu, dass du dich für die Lösung der Situation beidseitig verantwortlich fühlst, sofern du noch nicht gelernt hast, dich gesund abzugrenzen.

> **Tipp:** In einer Situation wie dieser kann es helfen, eine Zeit zu kommunizieren, in der ihr erneut zusammenkommt: Teile deinem Kind mit, dass du noch nicht ganz wach bist und komme seinem Bedürfnis nach Aufmerksamkeit entgegen, indem du ihm in Aussicht stellst, später voll und ganz für es da zu sein. Je nach Zeitverständnis des Kindes kannst du einen Zeitpunkt zwischen zehn und dreißig Minuten wählen und vielleicht einen Wecker stellen. Verabredet, dass du zuvor nicht gestört werden möchtest, dich jedoch schon auf die gemeinsame Zeit freust. So hast du dich selbst im Moment nicht überfordert, bleibst bei dir und begegnest trotzdem dem Bedürfnis deines Kindes nach Aufmerksamkeit.
>
> Beachte: Es ist für das Kind in diesem Moment besser, mit der Aussicht auf die Erfüllung seines echten Bedürfnisses nach Aufmerksamkeit vertröstet zu werden, als ihm durch unauthentische Kommunikation das Gefühl zu vermitteln, nicht gesehen und begriffen und mit einem falschen Lächeln abgespeist zu werden. Kinder sind meist tief empathisch und spüren zugrunde liegende Schwingungen sehr deutlich.

Meine und deine Welt - worauf soll ich mich nun konzentrieren?

Im Eltern-Kind-Kontext ist es recht selbstverständlich, dass die Eltern die Situation lenken und das Kind in seinem emotionalen Prozess unterstützen sollten. Das Kind kann altersgemäß noch keine Verantwortung für sein Gefühlsleben oder gar zwischenmenschliche Konflikte übernehmen.

Doch wie sieht es im Umgang zwischen Erwachsenen aus? Wie kannst du mit Situationen umgehen, in denen du so viel mehr von dem spürst, was sich im Raum bewegt, als nur deine eigenen Gefühle und Stimmungen? Was ist mit dem Druck, der zusätzlich aufkommt, wenn du gerade dabei bist zu lernen, die Verantwortlichkeiten dort zu belassen, wo sie hingehören?

Das Erleben von Empathen gleicht einem überfüllten Aquarium: Viele Gruppen von bunten, vielfältigen Fischen tummeln sich im Wasser, jeder gehört einer bestimmten Fischfamilie an, welche sich von den anderen unterscheidet und doch befinden sie sich alle im selben Wasser, beeinflussen sich gegenseitig und schwimmen wild durcheinander, wenn sie nicht genügend Raum finden, sich zu organisieren, aufzuteilen und einander, wenn nötig, auch aus dem Weg zu gehen.

Die alltäglichen Eindrücke spielen sich auf mehreren Ebenen ab:

> **Kognitive Ebene:**

Das ist die Ebene, auf der du verstandesbasiert Situationen einordnen, dich dazu positionieren, Entscheidungen treffen und auch Verantwortungsbereiche bewusst trennen kannst. Du kannst dich mit Fakten zum Erlebten auseinandersetzen, die seelische und körperliche Ebene inspizieren, reflektieren und dein Verhalten neu ausrichten. Auf der kognitiven Ebene ist es dir möglich, einen Konflikt, eine zwischenmenschliche Situation zu betrachten, ohne durch deine Gefühle verwirrt zu werden. Sie hilft dir, deine Trigger zu erkennen, dich neu auszurichten und ein Erleben in ein anderes Licht zu rücken.

> **Körperebene:**

Dein Körper nimmt Reize unmittelbar auf und wahr. Je nachdem, wie intensiv du „in deinem Körper wohnst", auf seine Reaktionen lauschst und ihm Aufmerksamkeit schenkst, kannst du den Ausdruck deiner Gefühle im Körper wahrnehmen. So findest du heraus, worum es wirklich geht, wenn dich ein diffuses Gefühl beschleicht und du, eventuell durch zu viele Eindrücke, gerade nicht weißt, wo du eigentlich stehst.

Dein Körper gibt dir klare Hinweise auf deine Bedürfnisse: Wenn du überfordert bist, beginnst du vielleicht zu schwitzen und dich leicht zu winden, wippst mit dem Fuß, als wollest du der Situation entfliehen. Wenn du gereizt bist, wendest du dich automatisch von deinem Gegenüber ab, machst abweisende Armbewegungen, deine Stimme wird schrill. Bist du ängstlich oder unsicher, ziehst du die Schultern nach oben oder befindest dich in extremer Anspannung. Viele Menschen bekommen in solchen Momenten auch Kopfschmerzen. Wut zeigt sich unter anderem durch aufkochende Hitze oder Übelkeit.

> **Tipp:** Um dich mit diesen körperlichen Anzeichen vertraut zu machen, richte einmal einige Stunden oder gar Tage deine Aufmerksamkeit voll und ganz in deinen Körper. Wenn du dich in einer angespannten Situation befindest, nutze sie zu Recherchezwecken: Was lösen die Worte, das Verhalten deines Gegenübers in dir aus? Wie reagiert dein System, wenn du die E-Mail vom Chef liest? Wo zwickt es, wo zeigt dein Körper Symptome, wenn du Mitgefühl oder Druck empfindest? Wenn du möchtest, schreibe deine Beobachtungen auf. Mit der Zeit wirst du immer intensiver lernen, deine körperlichen Reaktionen unmittelbar wahrzunehmen. Ein Spruch besagt: Das Bauchgefühl hat immer Recht. Dies bedeutet nichts weniger, als dass dein Körper dir äußerst authentisch und ungeschönt den Ist-Zustand deiner Bedürfnisse und deiner inneren Wahrheit mitteilt. Hab Mut, dich für das, was du wahrnimmst, nicht zu verurteilen, sondern es dankbar anzunehmen, selbst, wenn du vielleicht noch nicht da stehst, wo du gerne wärst. So kannst du bei und in dir ankommen und in Übereinstimmung mit dem arbeiten, was in dir tatsächlich lebendig ist. Selbst, wenn dein Körper auf einen Trigger reagiert, den du gerne schon geheilt sehen möchtest – dies ist der aktuelle Zustand und deine Seele wird es dir sehr danken, wenn du Rücksicht nimmst und dein Bedürfnis in der Situation, beispielsweise nach Rückzug oder zumindest der Kommunikation deiner Empfindung, erfüllst.

➤ Gefühlsebene

Dein Gefühlsleben folgt in der Basis den aus der täglichen Umwelt gesammelten Eindrücken. Da du als Empath die Eindrücke aus der Außenwelt sehr stark wahrnimmst, findest du dich immer wieder in deinem Aquarium voller Durcheinander. Nun gilt es zu sortieren, was Teil deines Fischschwarmes ist und welche Gefühle du von anderen wahrnimmst.

Gut zu wissen: Gefühle sind nie permanent. Sie sind immer im Fluss und bewegen sich eng verknüpft mit dem äußeren und inneren Geschehen. Sie folgen auf all deine Gedanken, Erinnerungen und Handlungen. Mache dir daher bewusst, dass der Moment vorbeigeht und ihm ein neues, anderes Gefühl folgen wird, falls du dich in einem sehr intensiven oder überfordernden Moment wiederfindest.

Hast du entschlüsselt, aus welcher „Fischgruppe" die Empfindungen kommen, gilt es zunächst nachzuspüren, ob du gerade gut damit zurechtkommst, alles wahrzunehmen oder ob es in diesem Moment zu viel ist. Was dir hilft, bei dir zu bleiben, ist, dir deine eigenen Gefühle wie den Kern deiner Wahrnehmung vorzustellen wie einen Ball in deiner Mitte, um den sich alles andere dreht. Achte zuerst darauf, was dort drin vor sich geht und nimm deine Bedürfnisse, wenn sie dringend sind, immer vorrangig wahr. Wie du dann darauf reagierst, entscheidet sich im nächsten Schritt, doch es kann dir ein Gefühl von Sicherheit verleihen, dich zuerst in dir selbst zu verankern. Somit hast du auch eine Basis dafür, herauszufinden, ob du aktuell für dein Gegenüber da sein und ihm empathisch zur Seite stehen kannst.

> **Tipp:** Die richtige Kommunikation kann wie ein Wundermittel wirken. Es kann deinen Mitmenschen und dir selbst enorm helfen, verbal auszudrücken, dass du gerade eine Minute Zeit brauchst, um dich zu sammeln. Für viele mag es gewöhnungsbedürftig sein. Unsere Gesellschaft ist nicht darauf ausgerichtet, Pausen zu lassen, durchzuatmen, Momente zu dehnen und Raum für Wahrnehmung zu schaffen. Doch es sind weitaus mehr Menschen sehr empathisch als du vielleicht befürchtest, wenn auch versteckt. Eine offene Kommunikation kann erleichternd wirken und dazu beitragen, dass in deinem Umfeld eine neue Art des Umgangs mit empathisch fühlenden Menschen geschaffen wird.

Inspiration

Das Alltagsaquarium ist zum Bersten voll. Hin und wieder darfst du daher auch aussortieren. Gerade dann, wenn du mit dem Thema des gesunden Umgangs mit Empathie ganz am Anfang stehst und noch oft von einem Gefühl der Überforderung geplagt bist, kann es wie Balsam für deine Seele wirken, dich neu in deinem Fischbecken zu orientieren und festzumachen, worauf du in den kommenden Tagen/Wochen deinen Fokus legen möchtest.

Übung: Dazu kannst du, wenn du möchtest, ein Aquarium auf ein großes Blatt Papier zeichnen. Male verschiedene Fischgruppen, Pflanzen und Steine hinein und nutze die unterschiedlichen Elemente als Bilder für dein Alltagsgeschehen, Menschen aus deinem Umfeld, Herausforderungen, denen du gegenüberstehst, To-Do-Listen etc. Lass deiner Fantasie freien Lauf, bis dein Aquarium so aussieht, wie es gerade in deinem Alltag tatsächlich zugeht.

> Als Nächstes kannst du ein neues Bild malen mit einem Alltag, wie du ihn gerne hättest. Stell dir vor, alle Freiheiten der Welt stünden dir offen. Welche Menschen dürfen dein Leben verlassen? Welche Aufgaben möchten sich verschieben, einen neuen Standpunkt erhalten? Wie sieht ein Alltag aus, in dem du voll und ganz du selbst sein kannst? Was fehlt dir in deinem Aquarium bisher? Male dein Traum-Lebensaquarium.
>
> Im dritten Schritt kannst du die beiden miteinander vergleichen. Du musst nichts ver- oder beurteilen, es reicht, mit deiner empathischen Gabe (die auch dir selbst gegenüber von großem Nutzen sein kann) zu erspüren, in welchem Bild sich dein inneres Kind oder andere deiner seelischen Anteile unterschiedlich fühlen. Versetze dich in sie hinein und nimm die volle Bandbreite dessen wahr, was du spürst. In dem, was ist und in dem, was du dir wünschst.
>
> Im finalen Schritt kannst du, wenn du schon so weit bist, ein wenig darüber reflektieren und Ideen notieren, die dir helfen können, die eine oder andere positive Veränderung bereits auf den Weg zu bringen.

Was bin ich, was bist du?

Du befindest dich mit deinem Partner am Frühstückstisch. Gemeinsam wollt ihr erörtern, wie der heutige Tag ablaufen soll. Dein Partner steht auf und steuert die Kaffeemaschine an. Mit einer dampfenden Tasse Kaffee bestückt, setzt er sich wieder und lächelt dich nebenbei an.

Du nimmst das Lächeln kaum wahr. Deine volle Aufmerksamkeit hat sich darauf ausgerichtet, dass er offenbar nicht an dich gedacht und dir ebenfalls eine Tasse Kaffee mitgebracht hat; obwohl er weiß, wie sehr du Kaffee liebst.

Deine Stimmung kippt innerhalb weniger Sekunden. Ein typischer Moment, in dem deine Reaktion und Interpretation entscheidet, wie die kommenden Minuten verlaufen.

Du spürst tiefen Schmerz und auch Ärger in dir aufsteigen. Du erinnerst dich daran, wie du für deinen Partner gestern in fürsorglichster Küchenarbeit ein selbst gemachtes Eis hergestellt und ins Wohnzimmer gebracht hast. Wie kann er nicht ebenso für dich mitdenken, ganz, wie du es für ihn tust? Einen kurzen Moment lang bereust du die Arbeit, die du dir gemacht hast – doch schnell wird dir bewusst, du hast es gern getan. Es gehört zu deinen Werten, andere zu beschenken. Darum kann es also nicht gehen.

Woher kommt der Schmerz in dir?

„Schatz?" Dein Partner hat dir eine Frage gestellt, die du offenbar überhört hast.

Du brummelst nur in dich hinein und funkelst ihn wütender an als geplant. Im selben Moment durchfährt dich ein neues Gefühl: Du nimmst wahr, dass die Atmosphäre sich verändert, die Körperhaltung deines Gegenübers wird starr, er richtet sich unwillkürlich auf. Obwohl er immer noch lächelt, spürst du es nicht mehr. Es scheint etwas dahinter zu liegen ... Anspannung. Du spürst Anspannung und leichten Frust. Er ist frustriert? Warum? Dies wiederum leitet deine Aufmerksamkeit zurück zu dem fehlenden Kaffee. Wie kann er so achtlos dir gegenüber sein und dann auch noch Frust verbreiten?

Gleichzeitig spürst du, dass sich in dir etwas wie Mitgefühl regt. Du weißt, wie unangenehm sich Frust anfühlt.

Plötzlich nimmst du nicht mehr nur das Gefühl deines Gegenübers wahr, sondern noch viel feinere Details: Du spürst eine gewisse Trauer im Raum und ein Sehnen. Die starre Verteidigungshaltung wackelt kaum merklich, doch es entgeht dir nicht, dass dein Partner heute nicht so selbstsicher zu sein scheint, wie er tut.

Da, noch eine weitere Wahrnehmung: Angst. Angst? Aus welchem Loch mag sie wohl gekrochen sein?

Plötzlich hast du Schwierigkeiten, zu entschlüsseln, zu wem von euch beiden die jeweiligen Gefühle gehören. Du kannst nicht ganz leugnen, dass auch in dir ein wenig Angst schlummert ... und Trauer? Sehnen?

Wieder einmal eine Situation, in der Wachsamkeit gefordert ist. Mehrere Gefühle im Raum, mehrere Perspektiven, unterschiedliche Bedürfnisse. In den kommenden Minuten wird es entweder zur Eskalation kommen oder beide Parteien können sich damit auseinandersetzen, was gerade passiert. Welche Empfindungen löst es in beiden aus und warum? Wie bedingen sich die Sichtweisen gegenseitig?

Als der empathischere Mensch von beiden wirst du dich einer besonderen Herausforderung gegenübersehen: Dein Partner wird seinen Frust auf die eine oder andere Weise vielleicht sichtbar machen. Du spürst deinen Ärger darüber aufgrund der allgemeinen Situation und darfst zuerst diesen managen, empfindest zugleich Mitgefühl. Im selben Moment erreichen dich bereits bekannte Gedanken aus deiner Tiefe, mit denen du dir das Verhalten deines Partners erklären möchtest, um weiter verständnisvoll zu bleiben:

Du erinnerst dich daran, wie hart sein Arbeitstag gestern war. Gerade kämpft er gesundheitlich mit Problemen. Ist es da nicht nur natürlich, dass er vergisst, dir einen Kaffee mitzubringen? Immerhin hattest du zum Eismachen gestern Zeit, während er lange Stunden auf der Arbeit geschuftet hat.

Du siehst – hier entpuppt sich auch eine kleine Falle: Als Empath tendierst du eventuell dazu, die Belange des anderen wichtiger zu nehmen als deine eigenen. Du setzt an dich einen höheren Verhaltensmaßstab und strengere Erwartungen. Dass du morgens zwei Kinder zur Schule gebracht, den Einkauf erledigt und einige Stunden von Zuhause aus gearbeitet hast, bevor du dich dem Eis widmen konntest, hast du bereits vergessen.

Es dreht sich bei weitem nicht darum, eure Taten gegeneinander aufzuwiegen, im Gegenteil. Worauf du stattdessen achten musst, ist, auch dir selbst Mitgefühl entgegenzubringen, dich zu sehen, wahrzunehmen und mit derselben Liebe zu bedenken, die dein Partner durch dich genießen darf. Dies hilft dir, in im Grunde harmlosen Momenten ruhig zu bleiben und dich nicht zu sehr auf die Wahrnehmung einzulassen, du würdest zu kurz kommen. So kannst du klarer unterscheiden, welches Gefühl zu dir gehört, wofür du die Verantwortung tragen kannst und was du lieber beim anderen belässt.

Diese Herangehensweise lässt unter Umständen sogar ein kleines Raumfenster, um deinem Partner hinwendungsvoll die Hand auf den Unterarm zu legen, wenn du das Bedürfnis verspürst, deine Empathie walten zu lassen.

Allein die Wahrnehmung eines solchen „Kaffee-Moments" kann dir einiges an Energie entziehen, bis du lernst, sinnvoll damit umzugehen, dass du nicht nur dein eigenes kleines Paket spürst, sondern auch das deines Partners.

Das offene Herz

Das wahre Geschenk eines Lebens, welches mit Empathie durchtränkt ist, findet sich darin, mit einem offenen Herzen zu leben. Mit den Jahren des Aufwachsens und Erlebens entwickeln wir eine Art Panzer um unsere wahren, tiefsten Empfindungen. Wir lernen, was gefühlt werden darf und was wir lieber verstecken sollten, um unseren Eltern und nahen Bezugspersonen zu gefallen, denn wir sind als Kind vollkommen abhängig von ihrer Gunst.

Nun verhärten sich mit den Jahren die Schalen um dein Herz immer mehr. Du entwickelst Verhaltensweisen, Körperhaltungen und eine Art der Kommunikation, die nicht mehr unmittelbar und in Echtzeit, nicht mehr vollkommen authentisch und immer etwas „um den heißen Brei" herum vermittelt. Die Folge sind Missverständnisse mit anderen, das Gefühl des Getrenntseins und nicht Vollkommen-gesehen-Werdens sowie der Eindruck, dass du das Leben nicht vollmundig schmecken und ganz darin aufgehen kannst.

Mit der Zeit erreichen einige Menschen einen Punkt, an dem es so nicht mehr weiter geht – sie rutschen in tiefe innere und äußere Krisen, leiden unter Krankheit oder dem Zusammenbruch von allem, was sie sich aufgebaut haben. Sie erleben schlicht, dass sie in einer Sackgasse gelandet sind. Langsam dekonstruiert sich mit der Zeit dann dieser Panzer, den sie um ihr wahres Empfinden herum aufgebaut haben.

Das Ziel dieser Krisen liegt darin, das echte, authentische Empfinden wieder freizulegen und erneut in Kontakt mit dir selbst zu kommen. Du darfst lernen, den Schutzpanzer um dein tiefstes Herz, den du dir gerade als empathischer Mensch vielleicht umso stärker zulegen musstest, durch gesunde Verhaltens- und Kommunikationsweisen zu ersetzen, die dich darin unterstützen, zwar wieder voll und ganz im Leben zu stehen, bereit zu sein, alles zu fühlen und trotzdem nicht davon fortgeschwemmt zu werden.

Das offene Herz ist womöglich dein tiefster Wunsch und gleichzeitig deine größte Angst. Hier kannst du vollkommen gesehen und angenommen werden, doch auch zutiefst gebrochen und verletzt werden. In „Kaffeemomenten" mit Menschen, die du bereits nah in dein Herz gelassen hast, stehst du immer wieder vor der Herausforderung, zu spüren, was im Raum ist und dich dabei nicht hinter einem Stein in deinem Aquarium zu verziehen, sondern sichtbar und greifbar zu bleiben. Vielen Menschen fällt es sogar schwer, dem Gegenüber nur in die Augen zu schauen, wenn plötzlich so viele Emotionen im Raum stehen.

Wie kannst du in diesen verletzlichen Momenten dein Herz weiter öffnen und dich zeigen, ohne davonzulaufen? Empathie kann dir helfen, die Verbindung auf eine kluge Weise so zu halten, dass du anstatt der erwarteten Verletzungen diesmal neue Erfahrungen machst, die die Beziehung zu deinem Gegenüber vertieft und dir Sicherheit darin verleiht, dass du dich nun selbst tragen kannst.

Diese neuen Erfahrungen können vor allem in einem Umfeld stattfinden, in dem das System von Recht und Unrecht aufgebrochen wird: Es geht nicht länger darum, wer zurückstecken muss, wer die Situation richtig sieht und wer dem anderen etwas schuldet. Empathiefähigkeit zielt darauf ab, einen Raum zu erschaffen, in dem beide Parteien einander wahrhaft betrachten, annehmen und verstehen können.

Inspiration

Begegnung mit dir selbst:

Stelle dich vor den Spiegel und schaue dir selbst in die Augen. Halte dies so lange, wie es für dich möglich ist und steigere die Zeit bis zu mehreren Minuten.

Was siehst du in deinem Blick? Was geht in diesen Augen vor sich? Wie fühlt es sich an, den Blick zu halten? Nimm wahr, welche Empfindungen in dir auftauchen und wie dein Körper reagiert. Vielleicht wirst du unruhig und es fühlt sich zu Beginn unangenehm an, so vermeintlich schutzlos dich selbst zu erkennen.

Wenn du kannst, beginne mit der Zeit ein Gespräch: Frage dich nach deinem Befinden und antworte hörbar. Lausche dir und bleibe in der Verbindung, so gut es dir möglich ist.

Mit dieser Übung erhältst du einen authentischen Überblick über deine aktuelle Fähigkeit, mit dir selbst in Verbindung zu stehen und auch deine Blockaden zu entdecken.

Für viele Menschen ist es etwas leichter, anfangs ihre Empfindungen aufzuschreiben und sich auf dem Papier Zeit dafür zu nehmen, sich zu begegnen. Wenn der Blick in die eigenen Augen noch zu intensiv ist, ist das Papier der ideale Zwischenschritt. Auch hier darf alles sein, alles gesagt und ausgedrückt werden.

Der Panzer um deine wahren Gefühle darf langsam schmelzen und je tiefer du dir selbst erlaubst, wieder zu fühlen, was tief im Inneren da ist, umso mehr kannst du auch anderen ihre Gefühle zugestehen und sie sein lassen, ohne daran etwas tun zu müssen.

Das Ziel von Empathie und einem offenen Herzen liegt darin, sich in dem, was ist, zu begegnen, es sein zu lassen und nicht vorrangig eine Lösung oder Veränderung des Ist-Zustandes erreichen zu müssen. Vieles löst sich daraufhin von allein.

Gutmütigkeit versus Sanftmut

„*Mitleid ist die wahre Grundlage des Charakters.*"

Anatole France

Die Kraft von Empathie erleben

Stell dir vor, du erhältst eines Tages einen Brief, in dem du zu einem persönlichen Gespräch eingeladen bist. Du darfst ein Thema mitbringen, das dich beschäftigt und bist ausdrücklich eingeladen, dich im Gespräch vollkommen frei zu fühlen, allem Ausdruck zu verleihen, was dir auf der Seele liegt.

Das Gespräch wird von einem Menschen angeboten, der schon viele Jahre Lebenszeit und damit Erfahrung und Reife erlangt hat. Aus einer inneren Ahnung heraus nimmst du die Einladung an, etwas zieht dich schon fast unausweichlich zu diesem Menschen hin. Du hast das Gefühl, gut aufgehoben zu sein.

Der Tag der Begegnung ist gekommen. Du besuchst den Menschen in seinem Zuhause. Er begrüßt dich an der Tür und leitet dich mit einer einladenden Handbewegung ins Wohnzimmer.

Die Atmosphäre ist gastfreundlich, gemütlich, der Raum ist geschmackvoll eingerichtet mit dicken Teppichen, Pflanzen und einer massiven Sitzecke unter einem großen, runden Fenster, durch das das Licht der Abendsonne hereinscheint.

Du wählst den großen Ohrensessel und erhältst eine Decke und eine Tasse Tee. Dein Gegenüber setzt sich entspannt in deine Nähe auf das Sofa, nicht zu weit weg und nicht zu nah, wie dir spontan auffällt.

Der Mensch scheint vollkommen in sich zu ruhen, fühlt sich sichtlich wohl in deiner Gegenwart, obwohl du ihm noch fremd bist. Deine Nervosität scheint ihm aufzufallen, ohne sich auf ihn zu übertragen. Immer wieder hält er locker und weich den Augenkontakt und scheint dir damit zu vermitteln: Es ist alles in Ordnung. Du darfst hier sein.

Im beginnenden Gespräch weiß er sich sicher und kompetent auszudrücken. Seine Körperhaltung wirkt gelöst und selbstsicher, er ist dir zugewandt und strahlt Interesse aus.

Du beginnst, dein Thema vor ihm auszubreiten. Langsam öffnest du dich immer tiefer und sprichst auch über Details, die dir unter anderen Umständen die Schamesröte ins Gesicht schreiben würden.

Was auch immer du diesem Menschen erzählst, nichts scheint ihn zu schocken. Er lauscht aktiv deinen Worten und fast scheint es, als nehme er mehr wahr als das, was du verbal ausdrückst. Du fühlst dich voll und ganz erkannt und hast nicht das Gefühl, dich um Kopf und Kragen reden zu müssen, um dich verständlich zu machen. Es fällt dir leicht, beim Thema zu bleiben, du spürst eine klare, präzise und ausgerichtete Atmosphäre von deinem Gegenüber ausgehen, die dir hilft, nicht in deiner Nervosität zu versinken und die Dinge auf den Punkt zu bringen. Alles, was du wahrnimmst, ist: Ich sehe dich. Voll und ganz, auf allen Ebenen, die du mitbringst.

Du fühlst dich nicht unangenehm durchleuchtet, sondern tief angenommen und verstanden. Alles, was du sagst, was du bist, darf sein.

Etwas in dir scheint wie aufzuatmen. Endlich erlebst du, wonach du dich Jahre lang gesehnt hast, ohne richtig zu wissen, was genau es war. Du fühlst dich wie angekommen. „Ja!", denkst du innerlich, „ja! Genau das habe ich mir immer gewünscht. Endlich versteht jemand genau, worum es mir geht."

Immer tiefer entspannst du dich, deine Nervosität weicht einer entspannten Körperhaltung, du fühlst dich im Augenkontakt wohl und spürst, wie es dir in deinem Körper geht. Deine Seele scheint loszulassen, fast fühlt es sich an, als seist du in deinem eigenen Zuhause.

Während des Gesprächs fällt dir noch etwas Ungewöhnliches auf: Die Ausstrahlung dieses Menschen scheint etwas ganz Besonderes zu sein. Auf eine bestimmte Art und Weise empfindest du tiefen Respekt vor ihm. Er ist so präsent, alles in seinem Zuhause weist auf sein Wesen, seinen Charakter hin. Sein Händedruck bei der Begrüßung war warm und stark, sein Körper strahlt Kraft aus, die zugewandte Haltung lässt ihn noch mehr anwesend wirken. Er scheint sich für nichts zu entschuldigen und mit sich selbst voll und ganz im Reinen zu sein. Du hast keine Angst, dass du ihn mit etwas verunsichern oder aus der Fassung bringen könntest, was du sagst. Dieser Mensch scheint sich nicht zu verlieren in deiner Erzählung oder deiner Anwesenheit. Du findest dich voll und ganz gespiegelt, alle Aufmerksamkeit liegt bei dir, und doch ist dieser Mensch genau so präsent im Raum wie du.

Deine Themen und auch deine Emotionen scheinen nichts von seiner Präsenz wegzunehmen oder ihn dazu zu drängen, sich zurückzuziehen. Er ist da. Er ist aufmerksam. Lebendig.

Diese kleine Reise möchte dir nahebringen, wie sich kraftvolle, gesunde Empathie zeigen kann. Ein wahrhaft reifer, empathischer Mensch ist kein Fähnchen im Wind, welches sich von den Verhaltensweisen, Erlebnissen und Gefühlen anderer Menschen und seine darauf reagierenden Trigger im Sturm der Emotionen hin und her werfen lässt.

Ein Mensch, der gelernt hat, seine Empathiefähigkeit klug und kompetent einzusetzen, ist fähig, gleichzeitig vollkommen bei sich und beim anderen zu sein. Er kann all sein Verständnis, seine Liebe und Aufmerksamkeit dem Gegenüber unterstützend zur Verfügung stellen, ohne sich aus seiner eigenen Realität und Lebenswelt herausreißen zu lassen, sich selbst zu verlieren und sich dabei am Ende der Begegnung erschöpft und ausgelaugt zu fühlen.

Selten wird ein solcher Mensch erleben, dass andere versuchen, ihn für ihre Zwecke zu missbrauchen oder auszunutzen. Seine wertvolle Zeit und Aufmerksamkeit werden nicht selbstverständlich genommen und stattdessen dankbar als Geschenk betrachtet.

Der empathisch reife Mensch ist ein wahrhaft sicherer Ort für seine Umgebung, weil er zuerst ein sicherer Ort für sich selbst geworden ist.

Dein Einfühlungsvermögen als positiver Beitrag mit Vorbildcharakter

Dieser sichere Ort ist weit mehr als eine positive Momentaufnahme. Je klarer, präsenter und offener du in dir selbst wirst und von dort heraus deine Empathiefähigkeit lebst, umso mehr bist du Teil einer Gemeinschaft von Vorbildern.

Du strahlst mit deiner Begabung etwas aus, das im Menschen ein tiefes Grundbedürfnis befriedigt: Der Wunsch nach Sicherheit und Zuhause. Je mehr ein Mensch sich selbst spürt in dem was ist, umso mehr kann er sich zuhause fühlen. Mit deiner empathischen Zuwendung kannst du deinem Gegenüber das Geschenk des Sich-Spürens machen: Er nimmt sich in deiner empathischen Reaktion selbst wahr und fühlt sich begriffen, verstanden und gesehen. Somit kann er sich entspannen und mehr in sich ankommen. Du musst währenddessen zu keinem Zeitpunkt deine eigene Mitte, dein Ruhen in dir selbst verlassen.

Dieses Gefühl von Sicherheit und Zuhause möchten wir als Menschen naturgemäß gern oft und regelmäßig erleben. So erklärt sich, dass über empathisch reife Menschen oft mit so viel Anerkennung und Wertschätzung gesprochen wird und sie unter Umständen schnell an Einfluss gewinnen. Mit deiner Begabung kannst du andere inspirieren, innerliche Sicherheit und Stärke zu gewinnen und das Geheimnis erforschen zu wollen, welches du in dir trägst.

Im Gegensatz dazu erleben unsichere Empathen oft leider das Gegenteil: Sie werden ignoriert und vergessen, ausgenutzt und belächelt. Sie lassen sich mitreißen von dem Gefühlsleben ihrer Mitmenschen und verlassen damit den Ruhepol in sich, der sie für ihre Umwelt schwer greifbar macht. Oftmals erleben sie in intimeren Beziehungen, dass der Partner das Interesse an ihnen verliert, weil sie sich nicht ins Spiel bringen, ihre eigenen Themen hintenan stellen und dem anderen die angebotene Empathie mit der Zeit lästig wird.

Vorbildcharakter wird erreicht durch das Bilden von Charakter. Wenn du lernst, dich zu spüren, deine Bedürfnisse wahr und ernst zu nehmen, ihnen zu folgen und jederzeit für dich zu sorgen, wird dein Charakter an Substanz zunehmen. Du wirst nicht mehr so leicht aus der Bahn geworfen und kannst dennoch jederzeit – das bedeutet, wann immer du willst und dich gut damit fühlst – voll und ganz für deine Liebsten da sein.

Anders zu dir stehen, anders wahrgenommen werden

Je präsenter ein Mensch im Leben steht, umso unmittelbarer wird er von anderen wahrgenommen. Es können unterschiedliche Arten von Präsenz an den Tag gelegt werden: Du kennst sicher auch Menschen, die präsent dadurch erscheinen, dass sie laut und aufdringlich auftreten, anderen das Wort abschneiden und durch übermäßig aktives Verhalten Aufmerksamkeit auf sich ziehen. Dies ist nicht die Art von Präsenz, die dazu nötig ist, damit deine Mitmenschen spüren, dass du voll und ganz zu dir stehst und dich wichtig nimmst.

Um genau zu sein, kann ein solches Verhalten genau wie bei besonders zurückhaltenden Menschen die Annahme begünstigen, dass dein Selbstwertgefühl im Keller ist. Besonders intro- oder extrovertiertes, lautes oder leises Verhalten kann also nicht der Maßstab dafür sein, ob deine Mitmenschen dich als klar, präsent, bei sich und authentisch wahrnehmen und dir trotz deines empathischen Verhaltens vertrauen, dich sehen und schätzen. Was also ist das Geheimnis?

Als soziale Wesen brauchen wir es, gespiegelt zu werden. Zuständig dafür sind die Spiegelneuronen, spezielle Nervenzellen in unserem Gehirn. Sie sind mit dafür verantwortlich, dass du überhaupt Empathie empfinden kannst. Mit Hilfe der Spiegelneuronen kannst du das Verhalten deiner Mitmenschen erkennen und, wie der Name bereits verrät, zurückspiegeln. Das bekannteste Beispiel dafür ist das Gähnen: Wenn jemand im Raum gähnt, sorgen die Spiegelneuronen dafür, dass auch du mitgähnst.

Die Spiegelneuronen bewirken Hand in Hand mit deiner empathischen Fähigkeit, dass du deinem Gegenüber dein Mitgefühl spürbar zukommen lassen kannst. Doch die Spiegelneuronen funktionieren auch andersherum und tiefergehend: Wir nehmen nicht nur wahr, was vor Augen ist, sondern erfassen auch auf viel subtileren Ebenen die Seelen- und Gefühlswelt unseres Gegenübers. Aus diesem Grund können wir spüren, ob ein Mensch mit sich selbst im Reinen ist, ob er sich annimmt und wertschätzt, wo er mit sich kämpft und was er in Wahrheit über sich denkt. Alte Glaubenssätze, seelische Wunden und Überzeugungen sind oft durch mehrere Schichten von angelerntem Verhalten und trainiertem Überspielen wahrzunehmen. Wenn wir genau hinsehen und unsere empathische Gabe trainieren, wird es schwierig, uns selbst oder andere hinters Licht zu führen. Wenn du also tiefe Selbstzweifel mit dir herumträgst, im Inneren davon überzeugt bist, dass du keinen Raum einnehmen darfst, niemand sich für dich interessiert und du auch allgemein eher als Fußabtreter dienst, kann dir deine empathische Gabe im Negativen „zu Gute kommen": Du versteckst dich dahinter, dass du für andere alles gibst und für dich am Ende nichts übrig bleibt. Deine Empathiefähigkeit ist nicht der wahre Grund dafür, dass du an Substanz einbüßt und immer wieder übergangen und ausgelaugt wirst. In Wahrheit ist es dein geringer Selbstwert aufgrund alter Verletzungen, gespiegelt durch den Umgang deiner Mitmenschen mit dir und versteckt hinter deiner Einfühlsamkeit.

Deine Umgebung nimmt durch die Spiegelneuronen und deren eigene, vielleicht auch unbewusste, angeboren natürliche Empathiefähigkeit also beides an dir wahr: deine Unsicherheit in Bezug auf dich selbst und deine Offenheit für ihre Themen und Belange. Wenn diese Menschen nun selbst nicht für sich den Anspruch an den Tag legen, sich zu reflektieren und mit dir gemeinsam an diesen Themen für ein besseres Miteinander zu arbeiten, kann es automatisch dazu führen, dass sie dich eher dazu benutzen, sich selbst besser zu spüren. Sie gebrauchen deine Empathie als Spiegel für sich und vergessen, dich in deiner Person zu sehen und wahrzunehmen – weil du es ihnen nicht authentisch durch deine Ausstrahlung vorgibst.

Der gesunde Zusammenhang zwischen Selbstbewusstsein und Empathie

Dies ist der Knackpunkt, der dazu führt, dass andere trotz deiner empathischen Gabe in Zukunft so mit dir umgehen lernen, wie du es dir wünschst: Es mag abgedroschen klingen, doch wie du dich selbst wahrnimmst und wie du zu dir stehst, ist von größter Wichtigkeit. Wenn du lernst, dich wichtig zu nehmen, werden auch andere es tun. Somit kannst du deine Empathie mit der Zeit auf gesunde, heilsame Füße stellen, die deiner starken Seele in ihren Werten Ausdruck verleiht, ohne dich selbst zu verraten.

Wir können als Menschen einander so viel tiefer wahrnehmen und spüren als wir dies vielleicht meinen. Allerlei Umwelteinflüsse, die Schnelllebigkeit, die Anforderungen im Alltag und der Leidensdruck unserer Zeit mögen dazu führen, dass wir uns dessen nicht gewahr sind und daher „bewusstlos", also unbewusst, unachtsam und innerlich unbeweglich und gestresst wirkend durch unser Leben rennen. Wir achten nicht so aufeinander, wie es unserem menschlichen Bedürfnis nach Verbundenheit und Miteinander eigentlich entspricht.

Somit nehmen wir uns wenig Zeit, in uns selbst hineinzuspüren und zu erkunden: Wie geht es mir in diesem Moment? Wie fühle ich mich in meinem Körper? Welche unterschwelligen Emotionen und Gefühle trage ich mit mir herum? Womit beschäftigen sich meine Gedanken?

Wir dürfen neu lernen, uns unserer selbst bewusst zu werden. Daraufhin können wir langsam, doch zielstrebig alte Muster erkennen, aufarbeiten und lösen und zu einem neuen Selbstwertgefühl und Selbstbewusstsein finden, welches es uns ermöglicht, sowohl uns selbst als auch unsere Mitmenschen wieder klar und präsent wahrzunehmen. Dieser Aufarbeitungsprozess unterstützt maßgeblich die Fähigkeit zu Mitgefühl und Empathie.

Selbstbewusstsein und Empathie liegen ganz nah beieinander. Sie sind ideale Partner auf dem Weg in langlebige, glückliche Beziehungen, die tief blicken und blicken lassen und dir die Möglichkeit geben, deine Gutmütigkeit in eine starke Sanftmut mit Vorbildcharakter zu verwandeln, die sich selbst wahrnimmt, sein lässt und damit deinen Lieben einen sicheren Ort und ein Zuhause bietet, in dem sie selbst erfahren dürfen, dass jemand uneigennützig, frei und authentisch für sie da sein kann.

Wie du dein Selbstbewusstsein trainieren, deine inneren Glaubenssätze herauskehren, verändern und üben kannst, in dir zu ruhen, erfährst du unter dem Kapitel 8 zu praktischen Übungen und Tipps für den Alltag.

Inspiration

Die Begegnung mit der alten Dame:

Stell dir vor, du wanderst in einer Seitengasse einer winterlichen französischen Kleinstadt mit rauchenden Schornsteinen und dem Geruch nach weihnachtlichem Essen. Male den Moment in deiner Fantasie aus, bis du alles fühlst: die Kälte auf deiner Haut, die Tasche über deiner Schulter, deinen Wintermantel, das Schaufenster auf der anderen Straßenseite. Begib dich voll und ganz in den Moment. In diesem Moment kommt dir jemand entgegen: Eine alte, kleine, weise Frau. Sieh genau hin, wie sieht sie aus? Welche Kleidung trägt sie? Wie bewegt sie sich?

Ihr geht aneinander vorbei, der Moment geschieht wie in Zeitlupe. Sie scheint dich mit ihrem Blick zu durchdringen und im tiefsten Wesen zu erkennen. Du spürst, es brennt in deiner Brust: Diesem Menschen entgeht nichts, du kannst nichts vorspielen, alles scheint offen zu liegen. In ihren Augen erkennst du dich selbst für einen Augenblick. Du blickst hinter all das, worum deine Gedanken sich vordergründig drehen. Hinter deine Berufswahl, hinter das geschäftige Treiben in deinem

Leben, hinter Stress und Druck, hinter deine Vorstellungen, Wünsche und Selbstzweifel. Was spürst du? Welche Botschaft nimmst du aus ihren Augen wahr? Wer bist du?

Erlebe den Moment so langsam, wie es nötig ist, um alles zu spüren, was die Begegnung dir geben will. Du kannst jederzeit auf Pause drücken, auf langsam, auf Stopp, um alles zu fühlen.

Erlaube dir ein Gespräch mit dieser Frau in einem Setting deiner Wahl. Wenn du beginnst zu schreiben, erlaube dir, dir vorzustellen, dass du ihre Stimme tatsächlich hören kannst und sie dir zu deinem Thema Empathiefähigkeit und auch Selbstbewusstsein etwas Weises sagen kann. Wenn du möchtest, stelle ihr eine Frage, die dir auf der Seele brennt- schreibe sie auf und höre dann mit dem Herzen hin. Zum Beispiel: „Wie kann ich zukünftig in dieser oder jener Situation gestaltend empathisch wirken, anstatt ausgenutzt zu werden und mich hilflos zu fühlen?" Was antwortet sie? Gib ihr Raum und Horizont, so lange zu sprechen, wie es fließt.

Verbinde dich im Gespräch mit dieser Frau mit dem Anteil in dir, der schon weiß, wie Empathie wirklich kraftvoll, klug und in Übereinstimmung mit deinem bereits reifen Anteil ausgelebt werden kann, der nicht mehr länger unter seiner Empfindsamkeit leidet, sondern sie als Stärke und besondere Gabe sinnvoll einsetzt.

Gesunde Grenzen setzen

*„Ich wollte, man würde einsehen, dass die Grenzen des
Mitleids nicht dort liegen, wie die Welt sie zieht."*

Vincent van Gogh

Das Thema Grenzen ist für einen empathischen Menschen oft ein heißes Eisen. Aufbauend auf seine alltäglichen Herausforderungen zwischen sehen und gesehen werden, Raum nehmen und Platz machen für die Befindlichkeiten der anderen, Selbst- und Fremdbewusstsein und der Entwicklung der eigenen Stärke und Selbstsicherheit hat so manche Empathen große Schwierigkeiten damit, gesunde Grenzen zu finden und zu setzen.

Viele Empathen landen aus diesem Grund im Burnout und in der Überforderung und zeigen all die Symptome, von denen in den vorherigen Kapiteln bereits die Rede war. Sie haben nicht für sich definiert, was ihnen zusteht, welche Ressourcen und wie viel Zeit sie für sich benötigen und sind sich ihres Wertes und der Bedeutung von Grenzen nicht bewusst.

Gesunde Grenzen sind jedoch in vielerlei Hinsicht von großem Nutzen: Sie bieten einen klar abgesteckten Raum, den du für dich beanspruchen und durch bestimmte Regeln auch klar nach außen kommunizieren kannst. Je besser du dich selbst kennst, umso klarer weißt du, wann deine Geduld sich dem Ende zuneigt, wie lange du zuhören kannst, welche Hilfestellung zu geben sich für dich stimmig und richtig anfühlt und ab welchem Punkt du deine Grenzen überschreitest und damit in die Überforderung abgleitest.

Grenzfälle ergeben sich sowohl aus deinem eigenen Verhalten als auch aus dem deiner Mitmenschen und dienen beiden Seiten.

Grenzen für dich:

Wenn du neues, gesundes Verhalten für ein Leben voller Mitgefühl einübst, schützen deine Grenzen dich davor, in alte Muster zurückzufallen. Neigst du zum Beispiel dazu, anderen übermäßig – das heißt, länger, als es deinem natürlichen inneren Bedürfnis entspricht – zuzuhören oder in den Abendstunden noch den Telefonhörer abzunehmen, obwohl du eigentlich nicht mehr aufnahmefähig und -willig bist, kann es dir helfen, dir selbst eine klare Regel zu setzen:

„Vor einem Gespräch setze ich freundlich ein Zeitlimit und kommuniziere dieses, auch, wenn es mich eine Menge Mut kostet."

„Abends ab 18 Uhr gehe ich nicht mehr ans Telefon."

Diese Grenzen können dich darin unterstützen, deinen Bedürfnissen gerecht zu werden. Bei so gesparter Energie und gelebter Selbstliebe steht dir auch mehr und tiefere Kraft für andere zur Verfügung. Es lohnt sich, zu den für dich stimmigen Momenten für sie da zu sein.

Es mag auch Zeiten geben, in denen es schlicht nicht angebracht ist, einen aktiv empathischen Raum für deine Mitmenschen zu eröffnen. Dies trifft besonders dann zu, wenn du selbst intensive Phasen der Herausforderung oder des Stresses durchlebst und dich in einer Position befindest, in der es wichtig ist, dass andere für dich da sind. Eventuell fällt es dir schwer, mit all deinem Mitgefühl bei dir zu bleiben und deinen Wert darin zu finden, dir in diesen Zeiten selbst der Nächste zu sein. Tatsächlich ist es Übungssache, bei dir zu bleiben, ohne dich damit egoistisch oder abgehoben zu fühlen.

Folgende Perspektive kann dir dabei helfen:

Beobachte dich selbst von außen, als seist du ein dir lieber Freund oder Elternteil. Betrachte deine Selbstverausgabung und gib dir einen Tipp, der in aller Liebe aufzeigt, wie sehr du dich gerade übernimmst und dass es dich schmerzt, dies mitzuerleben. Ermutige dich mit der Aussicht darauf, dass du Kraft sammeln darfst, um weiter der mitfühlende Mensch sein zu können, der du zu bleiben bestrebt bist. Um voll und ganz in deiner Begabung aufgehen zu können, musst du aus dem Vollen schöpfen können. Wenn du dich dauerhaft übernimmst, kannst du weder für deine eigenen inneren Belange sorgen, noch für die deiner Liebsten.

Ein weiteres wichtiges Argument liegt in den Werten, die du in deinem Alltag durch dein Handeln kultivierst: Wenn es deinem Standard entspricht, dich selbst für wertvoll genug zu erachten, um dir heilsame Ruhezeiten zu gönnen, werden auch deine Mitmenschen sich diesem Wert anpassen und dir zukünftig anders begegnen. Je tiefer du aus einer inneren Überzeugung des Selbstwertes heraus lebst, umso intensiver verbreitet sich dieser Wert für dich und deine Mitmenschen als Grundbasis für ein liebevolles Miteinander.

Grenzen für andere: Zunächst gilt: Wenn du deine Grenzen nach außen klar und deutlich kommunizierst, hilfst du anderen dabei, dich darin zu sehen und ernst zu nehmen.

> **Tipp:** Wenn du gerade neu trainierst, diese Grenzen zu setzen, kann es dir helfen, zu Anfang keine Ausnahmen zu machen. Dies mag sich für dich ungewohnt anfühlen, möglicherweise hast du auch mit Schuldgefühlen zu kämpfen oder nimmst eine Stimme in dir wahr, die dir zuflüstert, dass du übertreibst. Vielleicht hast du den Eindruck, hart und herzlos zu agieren. Doch dies ist vor allem ein Zeichen dafür, dass du begonnen hast, dein Verhalten zu ändern und an Substanz zu gewinnen. Ein Nein bedeutet nicht gleich ein hartes Herz — mehr dazu liest du gleich.

In folgenden Fällen ist es gut, deinen Mitmenschen Grenzen zu setzen:

> Du spürst, dass deine *Hilfsbereitschaft selbstverständlich genommen*, fast schon zum Automatismus wird.
>> → Anzeichen dafür, dass deine Grenzen erreicht sind: Frust steigt in dir auf, den du dir noch nicht voll und ganz eingestehst.
>> → Wenn du ehrlich bist, ärgerst du dich über die erneute Abfrage deiner Hilfsbereitschaft, doch der Ärger bleibt in deinem Magen stecken und du ignorierst ihn.
>> → Du bist öfter müde, angespannt, überfordert oder genervt.

Was du tun kannst:

Wenn du das Bedürfnis verspürst, suche das Gespräch. Teile mit, wie du dich im Kontakt fühlst und kommuniziere klar deinen Wunsch nach mehr Augenhöhe. Ein Gespräch ist jedoch nicht unbedingt notwendig. Sehr leicht und effektiv ist ein einfaches Nein. Du kannst gewaltfreie Kommunikation verwenden, indem du deinem Gegenüber signalisierst, dass du seinen Wunsch siehst und wahrnimmst, jedoch leider diesmal nicht zur Verfügung stehst.

Beachte: Es kann durchaus sein, dass dein Gegenüber zu Beginn über ein Nein deinerseits verwirrt ist und eventuell sogar beleidigt oder ärgerlich reagiert. Bisher war er Widerspruch von deiner Seite nicht gewohnt, nun wirst du sichtbar und er muss sich mit dir auseinandersetzen. Doch wenn du ruhig und klar auch zukünftig dabei bleibst, wird sich dein Umfeld an deine neue Gesinnung gewöhnen – und dies wahrscheinlich mit Respekt quittieren.

> Wenn sich der *Rede- und Mitteilungsanteil* in einer Verbindung zu einem anderen Menschen *signifikant ungleich* gestaltet:
>> → Du findest dich regelmäßig in Situationen wieder, in denen du über deine innere Geduld und Aufnahme-

fähigkeit hinaus schweigst und zuhörst. Für deine Belange ist kein Raum geboten, doch du fühlst dich gedrängt, dem anderen eben dies zu bieten, um zu vermeiden, dass er verletzt ist – innerlich übernimmst du Verantwortung für das Gefühlsleben deines Gegenübers.

→ Du wirst häufig zwischen Tür und Angel ohne Vorwarnung mit den Belangen deines Gegenübers schwallartig überfallen: Der Mensch testet nicht vorher ab, ob du gerade aufnahmefähig und willig bist, deine Aufmerksamkeit und dein Ohr zu leihen. Dich beschleicht das Gefühl, als zuhörende Person austauschbar zu sein; dein Wesen wird nicht wahrgenommen und wertgeschätzt.

Was du tun kannst:

Auch hier: Suche das Gespräch, wenn du möchtest. Wähle einen Moment, in dem du den anderen darauf vorbereiten kannst, dass es nun um dich geht und du dir Aufmerksamkeit für dein Anliegen wünschst. Dies ist schon der erste aktive Schritt in die richtige Richtung. Achte darauf, von deiner Wahrnehmung auszugehen und zu kommunizieren, was das Verhalten deines Gegenübers in dir auslöst. Drücke aus, welche Art von Verhalten du dir in Zukunft wünschst, damit dein Gegenüber begreifen kann, was zu verändern ist.

Ist ein Gespräch nicht zielführend und du wirst weiterhin „überfallen", darfst du die Grenze markanter kommunizieren, indem du dein Gegenüber freundlich unterbrichst. Schau ihm in die Augen und sage: „Es tut mir leid, aber ich habe gerade keine Zeit/ bin gerade nicht aufnahmefähig." Wenn du möchtest, biete einen anderen Zeitpunkt zum Gespräch an. Sollte auch diese Herangehensweise nichts nützen, darfst du davon ausgehen, dass du es mit einem besonders hartnäckigen Muster zu tun hast, in dem oft nur eins hilft: Kontaktabbruch. Wenn deine Grenzen dauerhaft nicht respektiert werden, findet in den seltensten Fällen eine Einsicht von selbst statt, die Beziehung gestaltet sich nicht auf Augenhöhe.

> Wenn *Menschen unfreundlich und frech zu dir werden* und du spürst, dass sie sich in deiner Gegenwart gehen lassen:

    → Dies ist ein klares Zeichen dafür, dass deine Präsenz mitsamt deiner Grenzen und Bedürfnisse in ihrem Ausdruck bei null liegt. Du hast dich viel zu lange und intensiv zurückgehalten und Verständnis für den anderen gezeigt – nun ist es an der Zeit, dich zu reflektieren und zu fragen, ob die vermeintliche Empathie nicht doch eher Angst vor Ablehnung sein könnte.

Was du tun kannst:

Schnelle Soforthilfe für den Moment bietet auch hier die klare Abgrenzung durch ein eindeutiges Nein bis hin zur Beendigung des Gesprächs. Langfristig erreichst du eine Veränderung der Situation vor allem dadurch, dich mit deinen inneren Mustern und Glaubenssätzen auseinanderzusetzen: Welcher Anteil in dir lässt zu, dass Menschen immer wieder so mit dir umgehen? Woher kennst du eventuell aus deiner Vergangenheit diese Art von Umgang? Ist es möglich, dass ein Teil in dir meint, es nicht besser zu verdienen?

Sehr hilfreich kann es sein, diesen Prozess nicht allein durchzugehen: Ein Coaching oder weiterführende Literatur können dir helfen, die Ursachen zu erkennen und neuen Mut zum Selbstwert und Setzen deiner Grenzen zu etablieren.

> *Wenn du in Beziehungen immer wieder verlassen wirst:*

    → Das Interesse deines Partners scheint mit der Zeit regelmäßig abzunehmen.
    → Ihr lebt vorrangig den Alltag nach seinen Bedürfnissen, du folgst und bist gern bereit, zurückzustecken und Dinge zu unternehmen, die dir nicht liegen, um den anderen glücklich zu machen – doch dir gegenüber findet dieses Entgegenkommen nicht statt.
    → Von außen betrachtet entspricht die Beziehung vorrangig dem Charakterprofil deines Partners. Irgendwann

musst du erfahren, dass dein Partner sich dazu entscheidet, die Beziehung aus unterschiedlichen Gründen zu verlassen, du bleibst allein zurück, obwohl du alles investiert hast – vor allem durch Nachgeben.
→ Dein Partner fragt selten nach deiner Befindlichkeit oder ist sich deiner Bedürfnisse bewusst.

Was du tun kannst:

Werde dir im ersten Schritt darüber klar, dass du in diesem Punkt bereit bist, eine Grenze zu setzen und von nun an nur noch Beziehungen einzugehen, die auf Augenhöhe stattfinden. Dazu darfst du tiefer deine inneren Muster und Glaubenssätze betrachten, enttarnen und einen neuen Standard für dich und deinen Selbstwert etablieren. Bedenke: Du erlebst vorrangig, was du auch duldest.

Befindest du dich in einer Partnerschaft, die dir viel bedeutet, musst du sie nicht gleich beenden. Geh mit deinem Partner ins Gespräch und mache deutlich, dass du einen Prozess und besonderen Fokus im Bereich Augenhöhe wünschst. An den Reaktionen wirst du auf Dauer erkennen, wie tief ihr beide bereit seid, für ein neues Miteinander zu arbeiten.

Innere Blockaden bezüglich deiner Grenzen

Um dich auf die Fährte nach den Ursachen innerer Blockaden zu begeben, die dein Gefühl für deine Grenzen negativ beeinflussen, kann es dir helfen, folgende Fragen zu bearbeiten. Lass dir dazu so lange Zeit, wie du es für nötig erachtest: Es kann durchaus sinnvoll sein, einem Thema wie diesem in einem bestimmten Zeitrahmen viel Aufmerksamkeit zu schenken, doch auch die Integration in den Alltag durch einige Pausen und bewusstes Verarbeiten ist sehr hilfreich.

➢ Welche Gefühle assoziierst du mit Menschen, die sehr stark darin sind, klare Grenzen zu setzen? Bewunderst du sie?

Machen sie dir Angst? Hast du schon erlebt, dass Grenzen freundschaftlich und sanft gesetzt werden? Welche Menschen in deinem Umfeld setzen gekonnt Grenzen und wie geht es dir persönlich in ihrer Nähe? Fühlst du dich sicher?

Schreibe dazu alles auf, was dir in den Sinn kommt – besonderes Augenmerk darfst du darauf legen, ob du auch aus deiner Vergangenheit/Kindheit Menschen kennst, die starke Grenzen setzen und welche Erfahrungen und Gefühle du damit verbindest.

- ➤ Woher kennst du das Gefühl, vielleicht von früher, zu lange zu schweigen und anderen zu erlauben, respektlos mit dir umzugehen? Was könntest du heimlich davon haben, dich zurückzuhalten? Wovor schützt dich dein Schweigen, welches Gefühl möchtest du nicht fühlen, welches durch die Reaktion deines Gegenübers ausgelöst werden könnte, wenn er mit deinen Grenzen nicht einverstanden ist?
- ➤ Beende folgende Sätze: Grenzen setzen bedeutet für mich … Ich fürchte mich davor, Grenzen zu setzen, weil … Ich wünschte, Grenzen setzen zu können, wäre …
- ➤ Auf welche Art und Weise hast du als Kind durch deine Eltern oder andere Vertrauenspersonen Mitgefühl erhalten? Hatten sie ein offenes Ohr für dich? Konnten sie dir im Gespräch Verständnis vermitteln?

Wenn du zu wenig Verständnis und Aufmerksamkeit erhalten hast, kann es durchaus sein, dass du dich unter Druck fühlst, anderen das Gefühl zu vermitteln, nicht durch denselben Schmerz zu gehen. Schuldgefühle und der Gedanke daran, dass es nie reicht, können dich dazu verleiten, immer wieder über deine Grenzen hinauszugehen. Du wünschst dir vielleicht, allzeit dazu beizutragen, dass diese Welt ein besserer Ort wird, an dem niemand durchs Netz fällt und sich allein gelassen fühlt. Dies kann dazu führen, dass du die Last dieses Weltschmerzes allein auf den Schultern trägst.

Ebenso kann ein nicht befriedigtes Bedürfnis nach Mitgefühl dazu führen, dass du selbst zwar enorm empathisch fühlst, jedoch nicht weißt, wie du dein Verständnis auf eine Art vermitteln kannst, die beim anderen ankommt und ihm das gewünschte Gefühl vermittelt. Empathisch zu fühlen und seine Empathie angemessen auszudrücken, sind zwei unterschiedliche Welten. Hier kannst du im Kapitel zur Kommunikation einige Skills erlernen, die es dir ermöglichen, effektiv dein Mitgefühl mit den richtigen Worten, der richtigen Haltung und zur richtigen Zeit zu transportieren, so dass deinen Bedürfnissen und denen deines Gegenübers Sorge getragen wird.

- ➢ Schreibe deine Gedanken zu folgender Aussage auf: „Je wichtiger ich mich selbst nehme, umso wichtiger kann ich auch die Bedürfnisse von anderen nehmen. Mein Mitgefühl und die Kraft, für andere da zu sein, wächst vielleicht nicht in der Quantität, wohl aber in der Qualität und Wirkung."

- ➢ Eine kreative Übung: Gib deinem persönlichen Bereich ein für dich stimmiges Bild: Ein Garten oder ein anderer Naturraum, ein Zimmer, ein ganzes Haus ... Beschreibe, was du vor deinem inneren Auge sehen kannst und wie du dich in deinem inneren Bereich fühlst. Nun stelle dir die Grenzen vor, die deinen persönlichen Bereich umgeben: Aus welchem Material sind sie gemacht, sind sie durchsichtig, fest, weich, welche Farbe haben sie? Ist da eine Tür? Hast du den Eindruck, deine Grenzen schützen dich im positiven Sinn und wahren deine Privatsphäre an den richtigen Stellen? Möchtest du etwas daran verändern? Wie wünschst du den Umgang anderer Menschen mit deinen Grenzen?

- ➢ Schreibe auf, welche Menschen du nahe in deinen persönlichen Kreis hineinlassen möchtest. Auf welche Art und Weise möchtest du sie mit deinem Mitgefühl beschenken? In welcher Haltung dürfen sie deinen Raum betreten?

Ein Nein ist kein hartes Herz

Um deine Grenzen auszuloten, zu formulieren und zu etablieren, kann es helfen, dir bewusst zu machen, *wozu* du empathisch sein möchtest. Welche Bedeutung hat Mitgefühl für dich, was macht es für dich erstrebenswert?

Wenn du das Wozu hinter deinem Verhalten kennst, kannst du klarer bestimmen, wie du dich mit deinen Werten positionieren möchtest. Du erlebst einen Wandel vom Ausgeliefert-sein gegenüber der Flut an Wahrnehmungen hin zu einem bewussten, hilfsbereiten Gebrauch deiner Gabe und kannst authentisch in Führung gehen. Somit wird dein Mitleid zur Ressource, zum Werkzeug, weg vom bloßen Durchleben.

Der Mensch als sehendes und fühlendes Wesen gibt sich selbst und anderen durch Mitgefühl Gestalt. Empathisch empfangen zu werden, ist wie in den Spiegel zu sehen. Die Begegnung im Kontakt mit anderen gibt uns ein Gefühl für unserem Selbst.

Als Spiegel für dein Gegenüber ist es nicht unbedingt von Nöten, dass du alles voll und ganz mit durchleben und darunter leiden musst, was die Lebenswelt des anderen betrifft. Mit etwas Übung lernst du, dein Mitgefühl vor allem kommunikativ auszudrücken und somit dem anderen das Geschenk des Gesehen-werdens zu machen, ohne vom Strom der Emotionen fortgerissen zu werden. Du kannst im Gespräch in dir ruhen und doch voll und ganz für den anderen da sein.

Bedenke: Du musst keine Verantwortung für die Gefühlswelt deines Gegenübers tragen. Selbst, wenn derjenige sich reichlich hilflos fühlt und nach deiner Hand als einer lösenden Hilfestellung greift, bedeutet das nicht, dass du an seiner Stelle ins Handeln kommen musst. Empathie hat die Aufgabe, dem anderen ein Gefühl dafür zu geben, nicht allein zu sein. Es bedeutet nicht, dass der mitfühlende Mensch der Lastenträger für die Belange des anderen sein muss.

Nun ist gelebtes Mitgefühl ohne praktisches Miteinander wenig wert. Wenn wir nur reden, doch nicht handeln, um füreinander da zu sein, ist Liebe oft ein bloßes Lippenbekenntnis. Doch es ist von großer Bedeutung, wer vor dir steht und worum es wirklich geht. Dieser liegt in der aktuellen inneren Verfassung des Gegenübers und auch darin, in welcher Beziehung ihr zueinandersteht: Ist es ein enger Freund, eine enge Freundin? Ist es eine Bekanntschaft, mit der es zum empathischen Gespräch kam? Ist der Mensch jemand aus deinem Wirkungskreis, worin du entschieden bist, auch tätlich zu unterstützen? Und vor allem: Was geschieht, wenn du handelnd eingreifst? Ist die Haltung des Gegenübers ein Fass ohne Boden? Was braucht der Mensch wirklich?

Wenn du dich dabei ertappst, Verantwortlichkeiten für das Leben des anderen auf dich zu nehmen, um deinem Bedürfnis nach ausgelebtem Mitgefühl nachzukommen, kannst du davon ausgehen, dass dies mit deiner eigenen Geschichte in Verbindung steht und es darin eher um dich geht als um das Gegenüber. Hinterfrage immer wieder gefühlvoll: Wozu lasse ich mich darauf gerade ein? Was bewegt mich dazu, mit dem anderen zu fühlen? Bin ich im bewussten Gebrauch meiner Gabe oder vermeide ich damit einen Teil meiner eigenen Geschichte? Ist es gerade leichter, mich mit den Belangen des anderen zu beschäftigen, als mit meinen eigenen? Lagere ich meine Geschichte auf die des anderen aus? Bin ich gerade fähig, das Geschenk des Mitgefühls zu geben, ohne ungesunde Verantwortung zu übernehmen, die den anderen eher schwächt als stärkt, weil er nicht in seine eigene Kraft kommen kann?

Du siehst, Empathie an der falschen Stelle und wenn sie unreflektiert eingesetzt wird, kann auch negative Auswirkungen haben. Wirst du dir deiner Motivationen bewusst, ist es dir viel leichter möglich, dein Verhalten bewusst zu gestalten, in den richtigen Momenten Nein zu sagen und somit dich selbst und andere zu schützen. Du bist als Empath nicht in der Verantwortung, das Leben eines anderen Menschen zu richten – es sei denn, es ist eine bewusste Entscheidung deinerseits, beispielsweise in deinem Job oder deiner Rolle als Elternteil. Und: Je klarer du in deinem eigenen Leben Ordnung schaffst, Grenzen setzt und auf dich achtest, umso mehr bist du ein sicherer Raum, ein Hoffnung spendendes Licht und ein guter Begleiter für die Menschen, die du liebst.

Zusammenfassung: So kann ich Grenzen setzen

- ⇨ Das Schweigen brechen: Sag Stopp!
- ⇨ Beende Beziehungen, die nach mehrmaligen Gesprächen über deine Bedürfnisse nicht in gesünderes Fahrwasser laufen.
- ⇨ Verkürze Redezeiten, passe Tagesabläufe an deine Bedürfnisse an, zumindest zeitweise recht ausnahmslos, gestatte deinem Körper und deiner Seele ausgedehntere Ruhezeiten, um dich selbst dauerhaft zu schonen und deine Bedürfnisse tiefer zu spüren.
- ⇨ Umgib dich mit Menschen, deren Verhalten deinen Werten entspricht, ohne dass du sie ständig darauf hinweisen musst.
- ⇨ Mach deine innere Arbeit: Reflektiere, welche alten Muster und Glaubenssätze deinen lockeren Grenzen zugrunde liegen, wovor du dich fürchtest und wie du diese Muster stetig und fürsorglich auflösen kannst.

Empathie in Beziehung

„Es gibt in einem anderen Menschen nichts, was es nicht auch in mir gibt. Dies ist die einzige Grundlage für das Verstehen der Menschen untereinander."

Erich Fromm

Was Erich Fromm so treffend beschreibt, stellt ein Grundprinzip in intimen Beziehungen dar: Je näher du jemanden an dich heranlässt, umso mehr lernst du gleichzeitig nicht nur über ihn, sondern auch über dich selbst.

In der Begegnung miteinander erlebt ihr euch neu und durch die Augen des anderen aus anderer Perspektive. Dies führt bei angenommener Herausforderung zu einem enormen Wachstum und einem Bewusstsein über die eigenen blinden Flecken.

Empathie ist vor allem in den Bereichen möglich, in denen du das Gefühlsleben des anderen in dir wiederentdeckst – und sollte es nur einer leisen Ahnung entsprechen. Immer dann, wenn du voll mitempfindest, was der andere erlebt, entdeckst du auch einen Anteil davon in dir selbst.

Echte Empathiefähigkeit ist zwar nicht davon abhängig, inwieweit du dieselbe Lebenswelt, die gleichen Einstellungen oder ähnliche Triggerpunkte vorweist wie dein Gegenüber. Auch, wenn du dem Wesen nach ganz anders bist als dein Partner, kannst du zu tiefem, authentischem Mitgefühl fähig sein. Es kommt nicht so sehr darauf an, dass du das auslösende Objekt der Gefühle deines Gegenübers nachvollziehen kannst und ihm ähnliche Bedeutung zuschreiben würdest. Auch ist es zum Verständnis nicht wichtig, die gleichen Interessen zu vertreten oder unbedingt dieselbe Weltsicht zu haben, auch wenn sich dies erleichternd auf die Verständigung auswirken kann.

Die Grundlage für Empathie in der Beziehung besteht vor allem darin, die Gefühle deines Gegenübers an sich zu erkennen und selbst bereits tief durchlebt zu haben. Es ist kaum möglich, selbst kein Gefühlsleben zu haben und trotzdem das des anderen voll mitzuerleben. Wenn du nicht voll im Kontakt mit dir und deinen eigenen Bedürfnissen stehst, kann es jedoch erscheinen, als kümmerst du dich vorrangig um die Welt des anderen und vergisst dich selbst dabei.

Oft stecken hinter diesem Verhalten tiefere Muster: Empathie kann auch eine Flucht vor den eigenen Gefühlen sein. Es kann durchaus für den Moment leichter sein, sich um das Wohlergehen des anderen zu kümmern und sich vollkommen für den Partner zu verausgaben, als sich mit dem eigenen Schmerz auseinanderzusetzen.

Leider ist diese Einstellung kein Garant für das Gelingen einer Beziehung, im Gegenteil: Vernachlässigte Emotionen kommen immer wieder wie ein Bumerang zu dir zurück. Wenn du dich nicht darum kümmerst, was in deiner Seele vor sich geht, wird sich alles, was du vermeidest, auf die eine oder andere Weise Luft machen.

Symptome, die in der Beziehung darauf hinweisen, dass du dich nicht gut um dich selbst kümmerst, können sein:

> ➤ *Du schweigst oft, wo gesprochen werden muss:*

Da ist ein Thema, welches du immer wieder in dir herumwälzt. Es belastet dich, doch du vermeidest das Gespräch darüber aus Angst vor der Reaktion deines Partners oder vor den Folgen für eure Beziehung. Somit bringst du nicht deine volle Wahrheit mit an euren gemeinsamen Tisch. In der Folge verbraucht dein inneres System große Mengen an Energie, um den aufsteigenden Frust, Stress oder Druck zu verarbeiten, der durch die Vermeidungshaltung entsteht. Du erreichst also durch dein Verhalten nicht, was du dir eigentlich wünschst, im Gegenteil: Du vermeidest zwar den Raum, in dem du verletzt werden kannst, fügst dir selbst aber an anderer Stelle Schaden zu.

> *Körperliche und seelische Anspannung:*

Erlebst du dich als regelmäßig unausgeglichen, angespannt und überfordert? Befindest du dich in ständiger Erwartungshaltung bezüglich dessen, was als nächstes um dich herum geschehen könnte? Liegt deine Aufmerksamkeit auf den Befindlichkeiten deines Gegenübers und bewirkt, dass du in seiner Gegenwart nicht entspannen oder loslassen kannst? Nutzt du dein Mitgefühl, um dich vor bösen Überraschungen zu schützen?

Körperliche und seelische Anspannung sind eine Warnleuchte und Hinweis auf eine Blockade, die gelöst werden möchte. Ob es eine unterdrückte Erwartung oder ein heimlicher Wunsch ist, eine alte Verletzung, die du auf deinen Partner projizierst, oder aber schlicht die Angst, die auftaucht, weil jemand dir nun wirklich nahe kommt und dich kennen lernt … lasse dich darauf ein, herauszufinden, was deinem Körper und deiner Seele Grund gibt, in Alarmstellung zu gehen.

Wichtig dabei: Du musst nicht allein durch diesen Prozess gehen. Vielleicht erwartest du von dir, dich allzeit stark und eigendynamisch durchs Leben zu bewegen und alles allein zu meistern. Deine mitfühlende Ader kann in diesem Moment auch ein ungesundes Muster unterstützen, weil du eventuell dazu neigst, dir zu viel aufzuladen – eben nicht nur deine eigenen Herausforderungen, sondern auch die deiner Mitmenschen. Doch es kommen Zeiten, in denen nicht die anderen Hilfe und Unterstützung benötigen, sondern du. Bedenke immer: Erst, wenn du selbst in der Lage bist, voll und ganz das Konzept von gelebter Nächstenliebe anzunehmen und zu nutzen, kannst du es authentisch und mit dem Wissen um die tiefe Bedeutung der Gemeinschaft an andere weitergeben.

Wenn die Herausforderung für dich sehr stark ist, ist es kein Zeichen von Schwäche, dir Hilfe zu erbitten, im Gegenteil: Du sorgst für dich, indem du dich dafür entscheidest, dir das Geschenk der Gemeinschaft zu machen. Erlaube dir Coachings, gute Gespräche, schöne Zeiten mit Freunden, hilfreiche Literatur und entspannende Auszeiten. Du bist es wert.

> *Müdigkeit, Erschöpfung und Schuldgefühle*

Diese können ebenso einen Hinweis darauf bieten, dass du nicht bei dir bist, nicht aus deiner Kraft heraus agierst. Schuldgefühle können dadurch entstehen, dass du dich dauerhaft in der Wahrnehmung befindest, zu wenig zu geben und dem anderen etwas schuldig zu sein. Du verausgabst dich darin, dem anderen Raum zu schaffen und endest immer öfter im ausgelaugten Zustand und an einem nervlichen Limit. Dieses Verhalten kann für dich zum ungesunden Dauerkreislauf werden und eventuell sogar zu genau dem Ergebnis führen, welches du insgeheim zu vermeiden versuchst: Du möchtest deinem Partner jeden Grund liefern, bei dir zu bleiben, doch bewirkst dadurch eventuell das Gegenteil. Er spürt deine Angst und je unbewusster und unreflektierter diese Vorgänge zwischen euch beiden stattfinden, umso eher kann es zu Fluchtimpulsen aufgrund unerfüllter oder zu hoher Erwartungen kommen.

> *Darf dein Partner wissen, dass du kein Engel bist?*

Eine weit verbreitete Herausforderung unter Empathen in Beziehungen ist das „Guter- Mensch- Syndrom": Um jeden Preis musst du derjenige sein, der unliebsame Gefühle wie Wut, Neid etc. unterdrückt, beziehungsweise mit diesen Empfindungen nicht viel zu tun hat. Als „der Gute" trägst du somit auch die Verantwortung für alles, was in der Beziehung nett, freundlich, hilfsbereit und liebenswürdig daherkommt. Dein Partner erhält durch dein immerwährendes Verständnis die natürliche Erlaubnis, auch seine von dir ungeliebten Seiten auszuleben.

Doch auch du trägst das volle Farbspektrum an Charaktereigenschaften und Emotionen mit dir. Was auch immer du an deinem Partner insgeheim ablehnst und selbst nicht auslebst, mag etwas sein, was im unbewussten Teil deiner Seele munter weiterwächst. Es ist nicht fort, nur, weil es unsichtbar ist. Gönne dir daher den befreienden Akt der Versöhnung mit deinen ungeliebten Anteilen. Je tiefer du auch mit ihnen in Verbindung trittst und sie in dein Sein integrierst, umso weniger bist du davon abhängig, dass dein Partner sich verändern muss, um dir ein besseres Gefühl zu vermitteln.

Für deine mitfühlende Haltung hat dies immense Vorteile: Du kannst entspannter Grenzen setzen und Verhalten nicht dulden, denn es ist offensichtlich und bereit, in eurer Beziehung angesprochen zu werden. Du stehst nicht immerfort unter Druck, heimlich eine Veränderung deines Partners zu erwarten und währenddessen mit Verständnis und Empathie den Raum zu halten. So eingesetztes Mitgefühl wirkt sich extrem ermüdend auf dich aus und deine Energie wird dir für andere wichtige Lebensbereiche abhandenkommen.

Gesunde Beziehungen leben

Eine gesunde Beziehung gründet sich im Besonderen auf die Fähigkeit der Beteiligten, im ersten Schritt sich selbst das zu geben, was sie sich von ihrem Gegenüber wünschen. Wer sich selbst gut kennt und weiß was er benötigt, um sich gesehen, angenommen, respektiert und geliebt zu fühlen, kann dem anderen helfen, durch Kommunikation und Geduld die eigene Liebessprache zu erlernen.

Vermeide die Arbeit mit dir selbst nicht. Gehe offen und neugierig auf dein eigenes Innenleben ein. Dich wichtig nehmen, bedeutet, im Spiel zu bleiben und deine Bedürfnisse ernst zu nehmen. Es bedeutet, heiklen Gesprächen nicht auszuweichen. Was denkst du wirklich in Momenten des Konflikts, was ist deine Wahrheit zu diesem oder jenem Thema, wie lautet deine wahre innere Position? Weiß der andere um dieses und jenes Geheimnis deiner Seele? Was fürchtest du, was geschehen könnte, wenn er es erfährt? Glaubst du im tiefsten Inneren, dass du es wert bist, Raum einzunehmen und die Beziehung gleichermaßen mitzugestalten? Sind deine Gefühle, ob positiv oder negativ, wertvoll genug, um beachtet zu werden? Wie steht es um deine gesunden Erwartungen deinem Partner gegenüber? Hast du dich für jemanden entschieden, in dessen Gegenwart du dich respektiert und gesehen fühlst?

An deiner Partnerwahl kannst du meist schon erkennen, wie weit es um deinen Selbstwert steht: Wenn du jemanden erwählt hast, der deine Sanftmut ausnutzt, dich in deinem Mitgefühl für sein Wohlbefinden für selbstverständlich nimmt und sich für deine Belange wenig interessiert, darfst du etwas tiefer graben: Vielleicht kennst du dies bereits aus deiner Vergangenheit, deiner Kindheit und früheren Beziehungen: Du hast nicht erlebt, anderen wirklich wichtig zu sein und darfst in diesem Punkt deine Glaubenssätze noch einmal neu hinterfragen. Je mehr du in diesen Punkten heilst und deinen Standard anpasst, umso weniger wird es vorkommen, dass dein Mitgefühl ausgenutzt wird. Im Gegenteil: Wenn du kraftvoll dein offenes Herz in Liebe darbietest, werden deine Mitmenschen und auch dein Partner dankbar darum sein.

In einem solchen Prozess und mit viel Geduld bildet sich Stück für Stück eine vertrauensvolle Basis, in der auch die Balance zwischen Geben und Nehmen eintritt: Wenn du Nein sagst, wirst du erleben, dass dein Partner dies akzeptiert, weil er sogar schätzt, dass du gut für dich sorgst. Ein solcher Partner ist Gold wert.

Ein offenes Herz beibehalten

Das offene Herz – für Menschen, die sehr verletzt wurden, in sich schon ein bedrohlicher Ausdruck. Viele entscheiden sich aufgrund vergangener Erlebnisse dafür, zuerst die Verteidigungshaltung beizubehalten und vom anderen zu verlangen, dass er seine Vertrauenswürdigkeit unter Beweis stellt, bevor sie sich erneut oder überhaupt öffnen.

Mit einem offenen Herzen in einer Beziehung zu stehen, geht immer mit der Gefahr einher, verletzt zu werden. Je näher du einen Menschen in dein Leben und in dein Herz lässt und erlaubst, dass er dein Leben beeinflusst und mitgestaltet und somit zulässt, dass er dich tief und authentisch kennenlernt, umso intensiver können dir die Knie schlottern:

In einer nahen Beziehung kommt unter Umständen alles auf den Plan, was du als Single erfolgreich vermeiden konntest: Plötzlich sind deine Macken sichtbar, deine Empfindlichkeiten und wunden Punkte. Jemand erhält die Chance, dich jenseits deiner Schokoladenseite zu erleben und ruft damit die Frage nach deiner Liebenswürdigkeit und deinem Selbstwertgefühl auf den Plan. Mit jedem Tag darfst du tiefer auf die Reise gehen und erkunden, in welchen Bereichen du noch stark getriggert wirst, wo es dir schwerfällt, deinen Raum zu teilen und wie deine Ängste dein Verhalten beeinflussen.

Dein Mitgefühl kann hier auch als Schutzschild fungieren: Wenn du mit deinem Erleben stets bei deinem Partner bist und er Mittelpunkt eurer Beziehung ist, läufst du weniger Gefahr, tief verletzt zu werden, denn es geht selten um dich und dein Herz. Dies könnte eine heimliche Motivation sein, die sich hinter einem besonders mitfühlenden Herzen verbirgt. Außerdem kann dein Mitgefühl dich immer wieder von deinen eigenen Prozessen ablenken und dir willkommene Ablenkung von deinem eigenen Schmerz bieten.

Doch selbstverständlich ist Empathie, bewusst und unter Achtsamkeit auf deine Vermeidungsstrategien angewendet, ein sehr heilsames Werkzeug im Dienste einer gelingenden Beziehung. Wenn du dein „Wozu" kennst und dein Mitgefühl achtsam einsetzt, um dein Herz immer weiter zugunsten deiner eigenen Heilung zu öffnen, kann es nicht nur für dein Gegenüber, sondern sogar für dich selbst ein Akt der Selbstliebe sein, deinem Gegenüber mit Mitgefühl zu begegnen.

Es kann dir außerdem helfen, dich immer wieder daran zu erinnern: Verständnis bedeutet nicht, alles auszuhalten und ertragen zu müssen. Wenn du dein Herz bewusst öffnest und dich verletzbar zeigst, stehst du auch in der Verantwortung, dich gesund zu schützen, indem du deine Grenzen freundlich, doch klar und deutlich vertrittst und damit für dich sorgst. Erlangst du auf diese Weise neues Vertrauen zu dir selbst und erlebst, dass du dich auf deine eigene Integrität verlassen kannst, kannst du auch deinem Gegenüber mit einer klareren Offenheit gegenübertreten. Du fühlst dich nicht ausgeliefert, sondern triffst eine bewusste Entscheidung zur Öffnung und zum liebevollen Miteinander. Du kommunizierst deine Bedürfnisse, begibst dich auf Augenhöhe mit dem anderen und bist bereit, sowohl dir selbst als auch ihm den angemessenen Raum in der Beziehung zu verschaffen.

Diese Haltung wird auch deiner Partner helfen, deine Grenzen zu wahren und dein Mitgefühl nicht mit Gutmütigkeit zu verwechseln. Je klarer dein charakterliches Profil für ihn ist, umso tiefer könnt ihr einander in eurem Wesen begegnen, euch ernst nehmen und im Prozess gemeinsam wachsen. Der Respekt, der an dieser Stelle wächst, wird als Schutzraum dienen, in dem Empathie freimütig und mit Vertrauen ausgelebt wird, ohne auf der Bremse zu stehen und aus Selbstschutzgründen das Mitgefühl im inneren Keller zu verstecken.

Das größere Bild der Beziehung

Auch, wenn du vielleicht kein besonders spiritueller Mensch bist, kann dir dieser Ansatz von großem Nutzen sein: Es lohnt sich immer, hin und wieder aus der kleinen Geschichte herauszuzoomen und sich neu bewusst zu machen, welches Ziel hinter der Entscheidung steckt, mit diesem Menschen gemeinsam durchs Leben zu gehen. Habt ihr das Gefühl, einander wirklich erkannt und gefunden zu haben? Möchtet ihr nur eine nette Zeit miteinander verleben, möchtet ihr nicht allein sein, das Gefühl des Verliebtseins genießen – oder hält euch ein gemeinsamer tieferer Sinn zusammen?

Empathie in Beziehung

Paare mit einer sinnhaften Ausrichtung ihrer Beziehung auf etwas, das größer ist als sie selbst, beweisen mehr Durchhaltevermögen in ihren zwischenmenschlichen Herausforderungen, denn sie wissen: Es geht nicht nur um uns. Diese Beziehung ist nicht nur dazu da, uns ein gutes Gefühl zu vermitteln. Sie möchte uns für Tiefen bereichern, die wir allein vielleicht nicht erreicht hätten. Der Partner ist nicht mehr nur dafür verantwortlich, dich glücklich du machen oder umgekehrt, sondern ist Teil deiner Heilung, der Aufarbeitung von Verletzungen, Hinweis auf deine blinden Flecken und Unterstützung in all diesen Prozessen.

Vielleicht habt ihr euch eine gemeinsame Aufgabe ausgesucht, die in Richtung Berufung geht- Dies wird euch eine zusätzliche Basis bieten und euch helfen, nicht nur eure eigenen Belange im Blick zu behalten, sondern zugunsten eurer gemeinsamen Ausrichtung über eure kindlichen Befindlichkeiten hinwegzukommen, Vergebung zu praktizieren und immer tiefer den Sinn hinter eurer Verbindung zu erspüren.

In diesem Lichte erhält auch dein Mitgefühl einen anderen Stellenwert: Du setzt es für das größere Ganze ein, um eurer Beziehung zu einem Gelingen zu verhelfen, welches weit über das Level an gegenseitiger Bedürfnisbefriedigung hinausreicht.

Dies soll keine unangebracht heroische Haltung unterstützen, in der Verhaltensweisen geduldet werden, die dir oder dem anderen schaden, für die dann Verständnis erwartet wird. Eine solche Herangehensweise unterstützt einen heimlichen Machtkampf und kann zu einem falschen Verständnis von Aufopferung führen.

In einer gesunden Beziehung unterstützen die Partner einander dabei, voll und ganz in ihre Kraft zu kommen, von welchem Punkt aus auch immer sie starten. Dies bedeutet nicht die Abwesenheit von Leid und Schmerz. Doch im Segen des gegenseitigen Mitgefühls kann eine solch heilsame Atmosphäre geschaffen werden, die den Machtkampf auflöst und zu einem echten Miteinander führt.

Gesund angewandte Empathie ist nicht nur heilsam für den, der sie empfängt: Wenn du verstehst, was in deinem Partner vorgeht, kannst du auch tief deine eigenen Muster von Misstrauen und Selbstschutz durchschauen. Du lernst, nicht mehr jedes Verhalten deines Gegenübers auf dich zu beziehen und erkennst ihn in seinem Weg der Entwicklung und Reifung. Wenn er sich im Ton vergreift, musst du nicht mehr sofort explodieren und dich verteidigen, sondern kannst dein Mitgefühl anwenden, um zu verstehen, was den anderen dazu bewegt, sich auf diese Weise zu verhalten. Du belässt die Verantwortung für sein Verhalten bei ihm und ziehst Grenzen, doch verstehst trotzdem auf einer tieferen Ebene, welche Muster gegriffen haben und dass es nicht darum ging, dich zu bekriegen.

So kann Empathie wie eine Brücke wirken, von Herz zu Herz.

> **Inspiration**
>
> Nimm dir Zeit, um deine Gabe des Mitgefühls insbesondere für deine Beziehung zu durchleuchten.
> - ⇨ Wofür setzt du deine Empathie ein?
> - ⇨ In welchen Situationen kommt sie besonders zum Tragen und was sind die heimlichen Ziele deines Herzens bei ihrem Einsatz?
> - ⇨ Wie erlebst du deinen Partner bei deiner gelebten Empathie? Ist er dankbar und sich deiner liebevollen Haltung bewusst? Ist das Ergebnis fruchtbar für eure Intimität und euer tägliches Zusammen sein? Hast du den Eindruck, dass dein Mitgefühl auf fruchtbaren Boden fällt?
> - ⇨ Betrachte, wenn du möchtest, noch einmal tiefer deine Partnerwahl: Ist dein Partner eine Wahl auf Augenhöhe, in der Mitgefühl als gemeinsamer Wert gelebt wird, um euer Leben zum Besseren zu gestalten? Oder lebst du mit deinem Verständnis immer wieder einen alten Kreislauf nicht erfüllter Bedürfnisse oder alter Wunden?

- ⇨ Nimmt dein Partner mit seinem vielleicht negativen Erleben einer persönlichen Situation zu viel Raum in eurer Beziehung ein? Kommt es dazu, dass du durch dein Mitgefühl ständig in dessen Gefühlswelt steckst und es dir schwerfällt, in deiner Welt zu bleiben? Ist deine Empathie fruchtbar für einen Fortschritt in herausfordernden Situationen, oder fällst du damit eher mit in die Grube?

- ⇨ Erstelle eine Liste oder schreibe einen visionären Text darüber, wie dein Mitgefühl dein Leben und deine Beziehung positiv verändern soll und wie es auch im Leben deines Partners einen Unterschied macht. Nutze dieses Tool kraftvoll und im Bewusstsein deiner heimlichen Blockaden und Trigger, um immer das Ziel im Auge zu behalten. Wie kann Empathie in eurer Partnerschaft einem tieferen Ziel folgen, welches Heilung, Freude und echte Gemeinschaft bewirkt?

Empathie und Berufung

*„You are not a drop in the ocean.
You are the entire ocean in a drop."*

Rumi

Dein Leben ist wertvoll – jeder einzelne Tag, jede Minute birgt die Chance, durch deine Entscheidungen deinem Leben eine Richtung zu verleihen, die dich erfüllt, zu dir passt und dir und anderen dient, kurz: Du beeinflusst – wie wir alle – maßgeblich mit, in welche Richtung sich deine persönliche Welt und auch die deiner Mitmenschen entwickelt.

Als empathischer Mensch hast du wahrscheinlich schon oft erlebt, welch tiefgreifenden Unterschied eine mitfühlende Handbewegung, ein aufmerksamer Blick oder einige Minuten aktiven Zuhörens mit sich bringen. Mitgefühl bringt Trost, Unterstützung, eine Atmosphäre von Vertrauen und darauf aufbauenden authentischen, tiefen Beziehungen. Gelebte Empathie kann tatsächlich alles verändern, erst recht, wenn sie bewusst und kraftvoll angewandt wird.

So ist es von erheblicher Bedeutung und erfüllt dich wahrscheinlich auch mit freudiger Erwartung, dich damit auseinanderzusetzen, wie du dein mitfühlendes Herz beim Thema Beruf/Berufung voll und ganz einbringen kannst.

Hast du zu deiner empathischen Ader eine positive Haltung und erlaubst, dass sie dir Türen öffnet und du dich damit auch ein Stück selbst verwirklichst? Vertiefen sich Beziehungen, bauen sich Ängste ab, verbessert sich das Arbeitsklima? Hast du ein Herz dafür, deinen Arbeitsplatz zu einem Ort zu gestalten, der von gegenseitigem Miteinander nur so trieft und an dem die Menschen authentisch und lebendig präsent sein dürfen, ohne eine „Arbeitsmaske" tragen zu müssen? Wünschst du dir, dass Persönlichkeit im Arbeitsalltag nicht draußen an der Tür abgelegt werden muss, sondern als Teil eines lebenswerten, milden Berufsumfeldes herzlich willkommen ist?

Deine Berufung zu leben, indem auch deine Empathie von maßgeblicher Bedeutung ist, kann deinem Leben einen tiefen Sinn verleihen. Reif gelebte Empathie zeigt sich zum Beispiel im Leben berühmter Persönlichkeiten wie Oprah Winfrey, Tony Robbins oder auch im deutschsprachigen Raum Veit und Andrea Lindau oder Laura Malina Seiler. Sie alle haben eins gemeinsam: Sie verstehen zutiefst die Sorgen, Sehnsüchte und Herausforderungen der menschlichen Existenz und einzelnen Individuen und haben es sich zur Aufgabe gemacht, mit ihrem Mitgefühl und ihrer empathischen Art Menschen einen Anker zu bieten, Hoffnung zu bringen und sie darin zu unterstützen, einen lebenswerten, heilsamen Weg einzuschlagen. Ohne Empathie wäre ihre Arbeit nicht, was sie ist.

Um deine Berufung zu finden und zu leben, musst du aber nicht im Rampenlicht stehen. Im Kern geht es darum, zu nehmen, womit du gesegnet bist und dies zum Wohle der Gemeinschaft treffsicher und fruchtbar auszuleben. Ein Grundbedürfnis des Menschseins ist es, sich gesehen, erkannt und verstanden zu fühlen. Das Gefühl der Trennung wird aufgehoben und bewirkt in Menschen die Erfahrung des Ankommens, der Verbindung und damit auch der Hoffnung auf bessere Zeiten, Glauben an das Gute und an die gemeinsame Kraft, mit der wir dem Leben eine sinnvolle Richtung verleihen können. Es mag pathetisch klingen, doch darum dreht sich im Kern unser ganzes Leben: Wir entstehen aus anderen Menschen, erblicken durch einen anderen Menschen das Licht der Welt, erfahren uns selbst im Kontakt mit anderen und fühlen uns dementsprechend durch lebendige, mitfühlende Beziehungen entweder in dieser Welt zuhause – oder eben nicht.

Wenn du als empathischer Mensch deine Begabung dazu einsetzen möchtest, ein Zuhause für Menschen zu schaffen, auf welche Art auch immer, trägst du damit etwas tief Sinnvolles zum Leben bei.

Vor- und Nachteile deiner Sensibilität

Der Einsatz deiner empathischen Ader bringt sowohl Chancen als auch Herausforderungen mit sich. Durch deine Sensibilität im zwischenmenschlichen Bereich überwindest du spielend Hürden, doch du gelangst auch an deine Grenzen.

Dein Mitgefühl befähigt dich beispielsweise, in Teamstrukturen Konflikte zu erkennen und durch gekonnte Kommunikation an deren Lösung beteiligt zu sein. Du blickst tief hinter die oberflächlichen Konfliktherde, denn du weißt: Der Kern des Problems ist selten das Symptom an sich. Du erspürst, was eigentlich hinter den Hahnenkämpfen zwischen Herrn Mauser und Frau Krever steht. Der Grund aller Ärgernisse für Frau Krever besteht nicht darin, dass Herr Mauser jeden Tag exakt zwei Minuten zu spät kommt, seine Kaffeetasse überall stehen lässt und am Ende noch die Beförderung erhält, während Frau Krever minutiös und exakt arbeitet, fristgerecht Termine einhält und ihren Arbeitsplatz immer in bester Ordnung hält. Im Kern trägt Frau Krever in sich einen viel tieferen Schmerz als den um die in ihren Augen ungerechte Beförderung. Dieser Schmerz hält sich wahrscheinlich sogar in einem anderen Bereich ihres Lebens auf als bei ihrer Arbeit. Du bist in der Lage, in ihrem Verhalten, ihrem Blick, ihrer Ausstrahlung zu lesen, was sie tief im Inneren beschäftigt und kannst durch deine kommunikativen Fähigkeiten, dein Verständnis und deine vermittelnde Art in diesem Konflikt Licht ins Dunkel bringen.

Empathie ist somit eine hervorragende Fähigkeit zugunsten beispielsweise mediatorischer oder beratender Berufsfelder. Auch im „einfachen" Dienst an anderen Menschen finden viele Empathen Erfüllung: Sie erkennen, wie wertvoll eine gemütliche Nacht in einem romantisch und sauber eingerichteten Hotelzimmer sein kann und freuen sich daran, ihren Mitmenschen beispielsweise durch ihren einfachen Dienst mit Reinigungsarbeiten oder auch eine professionelle Massage eine Auszeit zu gönnen, die Körper und Seele erfrischt.

Im Bereich der Selbstständigkeit und in Leitungspositionen ist Empathie hoch gefragt: Du bist fähig, ein Team zusammenzustellen, welches zwischenmenschlich gut zusammenpasst, kannst Klienten da abholen, wo sie stehen, ja, selbst im Verkaufsbereich ist Empathie gefragt: Du spürst genau, was dein Kunde braucht und wie du ihm zu einem Kauferlebnis verhelfen kannst, welches ihn glücklich nach Hause gehen lässt.

Die Frage nach dem tieferen Sinn ihrer Arbeit beschäftigt Empathen oft existentiell. Sie ertragen Situationen nicht lange, in denen sie sich am falschen Einsatzort wähnen, keinen Unterschied machen und ihr Wirken keinen tieferen Sinn erfüllt, der Menschen bereichert. Ihre Sensibilität führt dazu, dass sie zwischenmenschliche Konflikte nicht gut ertragen. Sie verfügen über kein dickes Fell, welches es ihnen leicht machen könnte, die Befindlichkeiten von Mitarbeitern oder Arbeitgebern unbewegt wegzustecken.

Du verstehst kleine Provokationen als Kampfansage, überbewertest kritische Aussagen oder setzt dich eingehend mit möglichen Mitteilungen zwischen den Zeilen auseinander: Deine Empathie kann dir dadurch eine Falle stellen, so dass du dich so intensiv mit Geschehnissen auseinandersetzt, dass es dir schwerfällt, in der Leichtigkeit zu bleiben und loszulassen.

Achtsamkeit ist auch beim Thema Ausbeutung vonnöten: Viele empathische Menschen haben damit zu kämpfen, dass ihre Leistung selbstverständlich genommen wird. Sie fühlen sich nicht wohl dabei, eine faire Bezahlung einzufordern, obwohl ihnen wahrscheinlich sogar einleuchtet, dass sie es verdient haben. Der Grund liegt sowohl in persönlichen, noch unaufgelösten Mustern als auch im gesellschaftlich noch unveränderten Konsens, dass Arbeit, die einer Berufung entspricht und Freude bereitet, in vielen Segmenten nicht das Recht auf gute Bezahlung hat. „Das ist doch auch Werbung für dich", hören Menschen zum Beispiel oft in der Kunst- und Kulturbranche. „Wir haben als kleine Firma einfach nicht die finanziellen Möglichkeiten, dich zu entlohnen." Empathische Menschen sind dann eine leichte Beute, besonders wenn auf die Mitleidsdrüse gedrückt wird.

Lass dich an dieser Stelle daran erinnern: Du darfst auch als zutiefst mitfühlender Mensch Nein sagen und eine Grenze setzen. Bedenke immer: Wer dich wirklich schätzt und deine Dienste für unersetzlich hält, wird es sich etwas kosten lassen, dich zu beschäftigen. Dies untermauert auch deinen persönlichen Wert, an einem Ort wirklich richtig zu sein und einen Unterschied zu machen. Wenn sich an deiner Stelle einfach jemand anderes findet, der deinen Job macht, darfst du getrost deine Energie an einem anderen Ort einsetzen, an dem sowohl Entlohnung als auch Respekt angemessen geboten werden. Diese Haltung ist keine Arroganz: Du entscheidest dich, nur auf der Hochzeit zu tanzen, zu der du wirklich kommen möchtest. Es ist dir wichtig, an einem Ort dein ganzes Herz einzubringen und gute Arbeit zu leisten. Um dies zu ermöglichen, ist es von Bedeutung, dass die Aspekte, die dir für ein gutes Gefühl im Job geben, erfüllt werden.

Zu guter Letzt darfst du dich noch dem Thema Privatleben und persönlicher Zeit widmen: Viele mitfühlende Menschen arbeiten ihrer Begabung nach in Berufen im Dienst an Menschen mit zum Teil tragischen Schicksalen. Sie tragen diese Menschen nicht als Projekt mit sich herum, sondern erkennen das Wesen des Gegenübers, widmen sich ihrer Aufgabe mit ganzer Seele und arbeiten nicht einfach nur eine Liste ab. Unter Umständen kann es daher schwerfallen, Arbeit und Privatleben zu trennen und sich Zeit für sich selbst und die eigenen Belange und auch zum Abschalten zu nehmen.

Vielleicht kommen dir folgende Gedanken bekannt vor: „Ich habe nicht das Recht, es mir gut gehen zu lassen, wenn es anderen so schlecht geht." „Wenn ich noch etwas mehr investiere, kann ich anderen Menschen noch mehr helfen." „Ich sollte meinen Standard zurückschrauben." „Ich habe nicht das Recht mich zu beschweren." Ein solches Denken offenbart dein tief liebendes und mitfühlendes Herz, kann aber auch auf noch etwas anderes hinweisen:

Hier lohnt sich wieder der Blick in die Vergangenheit: Hast du dir vielleicht als Kind schon eine Art Wertgefühl durch den Dienst an anderen vermittelt? Gab man dir Raum, um Hilfe zu erbitten, getragen zu werden, wurdest du ernst genommen in Gefühlen des Schmerzes und des Leides?

Deine Berufswahl ist oft nicht nur ein Hinweis auf deine Begabung, sondern kann auch auf schmerzhafte Muster einen Hinweis geben. Wenn du möchtest, nimm dir Zeit, um zu reflektieren, wie in diesem Bereich deine Schwierigkeiten entstanden sind, abzuschalten und dir ohne schlechtes Gewissen Zeit für dich zu nehmen.

Dein Herz sehnt sich einerseits danach, die bestehende Ordnung für Körper, Seele und Geist der Beteiligten zu verbessern, andererseits brauchst du selbst eine nährende Umgebung, die es dir ermöglicht, von deiner empathischen Gabe nicht erdrückt zu werden.

Wenn du dauerhaft in einem Umfeld wirkst und arbeitest, welches dir nicht entspricht, stehst du unter dem Risiko, dir auf die eine oder andere Weise Schaden zuzufügen.

Daher ist die Frage nach der Berufung oft so untrennbar mit der Berufswahl verknüpft: Du verbringst wahrscheinlich einen großen Teil deiner Zeit mit deiner Arbeit und darfst dir als empathischer Mensch das Ziel setzen, deine Arbeit lieben und genießen zu können, darin voll und ganz aufzugehen und somit nicht nur das Leben anderer Menschen zu verbessern, sondern auch deine eigene Lebenszeit so wertzuschätzen, dass das Thema Glück für dich an erster Stelle steht.

Empathie als Leuchtturm – finde deine Berufung durch Mitgefühl

Unsere Welt ist stark im Wandel und benötigt mehr denn je Menschen, die sich darauf ausrichten, mit dem, was sie tun, einen Mehrwert nicht nur für sich, sondern auch für ihre Mitmenschen zu kreieren. Kaum etwas ist dabei hilfreicher als ein mitfühlendes Herz, welches die anstehenden Bedürfnisse in der Umwelt wahrnehmen und darauf reagieren kann. Soforthilfe in Zeiten, in denen Menschen sich nach Halt und Orientierung sehnen, kann durch schwere Krisen begleiten und uns dabei unterstützen, einander den Weg zu weisen.

Wenn wir wissen möchten, wohin es geht, brauchen wir eine Vision. Ein sinnstiftender Weg geht immer mit aktuellen Gegebenheiten und Bedürfnissen einher. Empathisch kannst du erspüren, an welchem Punkt in deinem Leben sowohl du selbst als auch andere sich befinden und danach deine Handlungen ausrichten. Du kannst in Erfahrung bringen, welche Ziele kurz- und welche langfristig erreicht werden möchten, einen Plan erstellen, um deine Vision umzusetzen und deine Begabung als maßgebendes Element mit einbeziehen. Lernst du, deine natürlichen Fähigkeiten an der Umsetzung deiner Ziele zu beteiligen, fällt es dir viel leichter, ausgerichtet und Energie sparend, sogar Energie gewinnend zu handeln.

Das Thema Berufung unterteilt sich in zwei Bereiche: Das große Ganze und dein Beitrag dazu. Woran glaubst du wirklich? Bist du davon überzeugt, dass die Welt einem größeren Plan folgt? Stehst du für Gerechtigkeit? Welche Themen bewegen dich zutiefst, welches ist deine persönliche Brille, durch die du Geschehnisse wahrnimmst und interpretierst? Es gibt an dieser Stelle kein richtig und falsch. Du musst nicht auf eine bestimmte Art spirituell sein oder besonders politisch aktiv, die eine oder andere Perspektive vertreten oder besonders intellektuell daherkommen. Dein Leitfaden darf das sein, was dich persönlich zum Leuchten bringt, die Tätigkeit, das Thema, die Überzeugung, der du persönlich einen tieferen Sinn abgewinnen kannst. Selbst, wenn du der Ansicht bist, dass das Leben nichts Wichtigeres beinhaltet, als Spaß zu machen und Leichtigkeit zu leben, dass nicht hinter allem eine tiefe Erkenntnis stehen muss und du dein Glück in guten Büchern und schönen Urlauben findest, ist dies absolut legitim. Es kann eines Menschen Berufung entsprechen, die besten Brezeln der Stadt zu backen, Hochzeitskleider zu entwerfen oder stundenlang für das Wohl der Welt zu meditieren. Die große Frage lautet nur: Findest du dich selbst, deine Leidenschaft und Begabung in deiner Tätigkeit wieder und hast du das Gefühl, voll und ganz du selbst sein zu können? Was ist dein persönliches großes Ganzes und was möchtest du dazu beitragen, um es wachsen und gedeihen zu sehen?

So findest du deine Berufung

Folgende Aspekte möchten dich darin unterstützen herauszufinden, an welchem Punkt auf dem Weg zu deiner Berufung du gerade stehst und welche Schritte du einleiten kannst, um deinen Pfad in diesem Bereich weiterzuverfolgen:

> **Finde den roten Faden deines Lebens**

Wenn du dich noch ganz am Anfang der Frage nach deiner Berufung findest, kann dieser Ansatz dir wertvolle Hinweise geben: Einen authentischen Blick auf deine mögliche Berufung ergibt eine Übereinstimmung zwischen deinen Interessen/Leidenschaften, deinen faktischen Handlungen und deinen inneren Werten und Überzeugungen. So kannst du ihnen auf die Spur kommen:

Was hat dich schon immer begeistert? Was hat dein Herz schon als Kind höherschlagen lassen? Gibt es Hinweise auf eine besondere Begabung oder ein tiefes Interesse? Mit welchen Menschen hast du dich schon immer gern umgeben und wie hast du mit ihnen Beziehung gepflegt? Welche Tools hast du angewendet, um mit ihnen in Kontakt zu treten? Bist du kommunikativ interessiert und begabt? Hast du dich künstlerisch und kreativ ausgedrückt? Glänzt du mit Spürsinn und Interesse an bestimmten intellektuellen Themen? Wofür bist du im Laufe deines Lebens bekannt geworden?

All diese Fragen können dir weiterhelfen, dein Leben sowohl von innen als auch von außen aus anderen Perspektiven zu betrachten und zu erkennen, wo es Übereinstimmungen zwischen deiner Herzenswelt und dem Feedback deiner Umwelt gibt. Diese Übereinstimmungen kannst du auf ihre Bedeutung für dich selbst hin überprüfen: Entspricht es deinen persönlichen Werten, dass du beispielsweise enorm viel Zeit dafür aufwendest, auf dein Äußeres zu achten? Ist es einfach etwas, das dich begeistert und einen Hinweis auf deine Berufung geben kann? Oder ist es lediglich ein Zeichen für einen Versuch, von deiner Umwelt Anerkennung und Liebe zu verdienen?

Wenn du so deine *Handlungen* und *Leidenschaften* mit deinen *Werten* abgeglichen und in Übereinstimmung gebracht hast, kannst du den roten Faden deines Lebens fest in der Hand halten und dich daran zu den nächsten Schritten entlanghangeln.

> **Spüre Glaubenssätze auf, die dich davon abhalten, deine Berufung zu leben**

Deine heimlichen Glaubenssätze beeinflussen dein Leben im Untergrund unbehelligt, so lange, bis du sie an die Oberfläche holst und sie entmachtest oder entsprechend verstärkst, indem du sie dir bewusst machst, auf ihre Herkunft überprüfst und entsprechend untermauerst oder auflöst. Alles, was wir im tiefsten Inneren unseres Herzens glauben, selbst, wenn es vollkommen absurd erscheint, beeinflusst unsere Realität maßgeblich. So ist es durch bewusste Reflexion möglich, herauszufinden, warum du beispielsweise immer wieder im Job ausgenutzt wirst oder dich nicht traust, dich auf eine Stelle zu bewerben, die dir wirklich zusagen würde. Was denkst du im tiefsten Inneren über dich selbst, deine Stellung in der Welt und deinen Beitrag zum großen Ganzen?

Typische Glaubenssätze zum Thema Berufung können sein:

- ◊ Ich kann das nicht.
- ◊ Ich bin zu dumm.
- ◊ Niemand glaubt an mich.
- ◊ Mir fehlt das Geld, mir fehlt die Zeit, ...
- ◊ Ich kann mir selbst nicht vertrauen.
- ◊ Ich habe das noch nie woanders gesehen, darum darf das nicht sein.
- ◊ Ich werde nicht ernst genommen.
- ◊ Dafür gibt es keinen Markt, ich werde nicht gebraucht.

> **Überprüfe dein Umfeld – kann deine Berufung dort wachsen?**

Freundschaften, Umgebung und gestalterische Möglichkeiten sind wichtige Parameter zur Gestaltung eines erfolgreichen Wegs in deine Berufung. Zum einen brauchst du Freundschaften, in denen Empathie nicht nur aus- sondern auch eingeht. Wenn du mit den Menschen deines engsten Umfeldes über deine Träume sprichst, ist es wichtig, ermutigendes und bestärkendes Feedback zu erhalten. Am wenigsten kannst du gebrauchen, dass Menschen deine Ideen ungefragt kritisieren und dir negatives Feedback geben, ohne dass du darum gebeten hast. Achte darauf, deine Träume zu beschützen: Ein Leben voller Mitgefühl beinhaltet nicht nur, dass du empathisch bist, sondern auch – im positiven Sinn – erwartest, dass Empathie dich in deinem Weg stärkt.

Die Aufgabe deiner Freundschaften ist es, als sicherer Hafen zu fungieren, in dem deine Träume sich entwickeln und damit greifbar werden können. Wähle dir Menschen als Gefährten, die dir ehrlich Feedback geben, wenn du sie darum bittest, dich nicht verurteilen und die achtsam mit ihren eigenen Triggerpunkten umgehen, sie also nicht auf dich und deinen Weg projizieren. Ein Traum kann in Sekundenschnelle durch ein unempathisches Wort zerstört werden. Du musst dir wichtig genug sein, deine tiefsten Wünsche nur mit den Menschen zu teilen, die deine Gedanken als wertvolle Schätze betrachten und dementsprechend damit verfahren.

Auch die materielle und örtliche Umgebung kann für die Entwicklung einer Berufung von enormer Bedeutung sein, auch wenn man meinen sollte, dass sie zu vernachlässigen sei, weil vorrangig das Innere zählt. Grund dafür ist die Tatsache, dass die Umgebung uns maßgeblich beeinflusst. Wir werden, was wir täglich ansehen. Nicht umsonst sind viele Menschen in Einsamkeit oder Dunkelheit depressiv oder empfinden eine gewisse Enge in einer überfüllten Stadt. Schönheit im Außen kann Schönheit im Inneren hervorlocken. Von innen nach außen zu leben, ist immer die beste Variante, doch es kommen immer wieder Zeiten, in denen du dir selbst helfen kannst, eine schwierige Phase zu überwinden, indem du dir eine Umgebung schaffst, die es dir ermöglicht, eine neue Haltung einzunehmen, erhellenden Gedanken zu folgen und dich selbst auf positive Art und Weise gespiegelt zu fühlen. Deine Umwelt zeigt dir immer einen Teil deines Seelenlebens. Wenn du in Richtung deiner Berufung steuerst, hilft dir eine passende Umgebung, die die Teile in dir anspricht, die nötig sind, um deinem Ziel näher zu kommen. Alles, worauf du dich richtest, wird wachsen. Darum ist es gar nicht unbedeutend, wenn du dich zum Beispiel entscheidest, im aktuellen Stadtleben mehr Natur in deine Umgebung zu bringen, wenn du in Zukunft in der Natur leben möchtest. Lass dich inspirieren. Erlebe dich selbst in der Umgebung, die du dir für deine Zukunft wünschst.

Ebenso verhält es sich mit gestalterischen Möglichkeiten: Wenn dein Geist sich weiten und Ideen folgen möchte, du aber dauerhaft in einem kleinen Zimmer am Rande eines Dorfes lebst, welches nur zehn Einwohner, kein Geschäft und wenig Input bietet, wird es dir schwer fallen und du musst viel mehr Hürden überwinden, um an neue Handlungsmöglichkeiten zu gelangen. Der Weg zu anderen Menschen ist weit, du gibst viel Geld für Reisekosten aus und deine Inspiration ist mehr auf das Internet begrenzt als auf die reale Welt. Wenn du materielle Ressourcen brauchst, an die du nur schwer gelangst, wird der Weg zur Erfüllung des Traums holperig. Reflektiere darum genau, wo du gerade stehst und was du brauchst, um voranzukommen. Du musst dich nicht in Stress versetzen, wenn du realisierst, wie viel noch zu tun ist. Konzentriere dich nur auf den nächsten richtigen Schritt und gönne dir viele Phasen der Selbstliebe und Erholung auf deinem Weg. Und bedenke immer: Die richtigen sozialen Kontakte können dir wundersame Inspiration und neue Ideen liefern.

> **Denke aus der Box heraus**

Mit den Jahren, die du mit dir selbst durchs Leben gehst, entwickelst du ein bestimmtes Bild von dir selbst und dem, wie du dich siehst. Du meinst, dich gut zu kennen und zu wissen, was du magst und was nicht. Du glaubst, mit deinen Stärken und Schwächen und kompatiblen Welten bekannt zu sein.

Bedenke, dass du dich als menschliches Wesen immer in Entwicklung befindest. Du bist wie eine Blüte, die sich mit der Zeit Stück für Stück entfaltet. Immer wieder kommt Neues zum Vorschein, das sich integrieren möchte. Daher bleibt es immer spannend, sich selbst besser kennen zu lernen und unter Umständen stößt du auf Neuigkeiten, die du vorher von dir selbst nie erwartet hättest. Vielleicht standest du noch nie auf einem Surfbrett und hast bisher nie darüber nachgedacht. Doch irgendwann zeigt sich ein neuer Teil deiner Persönlichkeit, der mit dieser neuen Idee in Resonanz geht – schon ist ein neuer Aspekt deiner Persönlichkeit und Interessen ans Tageslicht getreten. Diese Entwicklungen können dir auf deinem Weg in die Richtung deiner Berufung ein Licht sein. Erwarte auch von dir selbst immer wieder Neues und lass dich überraschen.

Auch andere Freundeskreise passen in diese Kategorie. Besonders, wenn du dich in deinem Leben an einem Scheideweg, beziehungsweise Entwicklungsschritt befindest, kannst du dich neu ausrichten und dich fragen: „Wer möchte ich sein? Welche Werte vertrete ich, welche Menschen passen dazu und in welchem sozialen Umfeld kann ich wachsen, über das ich bisher vielleicht noch gar nicht nachgedacht habe? Möglicherweise entdeckst du ganz neue, verbindende Elemente, wie eine bestimmte spirituelle Richtung, ein besonderes Interesse oder eine kreative Ader. Du darfst dir sicher sein: Die passenden Menschen dazu sind dort draußen! Du bist ihnen bisher noch nicht begegnet, weil du noch nicht darauf ausgerichtet warst.

Beachte in diesen Prozessen immer: Dein Bauchgefühl hat Recht. Wenn etwas dir seltsam vorkommt, du Widerstand spürst oder das Gefühl hast, nicht du selbst sein zu können, kannst du zwar reflektieren, ob es etwas innerlich aufzulösen gilt, doch wenn das Gefühl bleibt, darfst du dir vertrauen. Du musst nirgendwo hineinpassen. Echtes Mitgefühl beginnt bei dir. Vielleicht hast du Angst und denkst: „So wie ich wirklich bin, finde ich niemanden, der zu mir passt." Doch sei dir sicher: Wenn du mutig zu dir stehst und dich zeigst, werden die richtigen Menschen auftauchen. Der Prozess lohnt sich!

> **Welche Gedanken sind nicht hilfreich?**

Deine Gedanken bestimmen maßgeblich die Richtung, in die dein Leben verläuft. Wenn du dich darauf ausrichtest, immer Menschen zu begegnen, die dich ablehnen, für schwach halten und deine Empathie nicht schätzen, wirst du selten Menschen begegnen, die dich anders wahrnehmen. Entscheide daher mutig, undienliche Gedanken über eine Situation, dich selbst und andere loszulassen.

Besonderes Augenmerk darfst du Situationen schenken, in denen du dich wirklich in einer misslichen Lage befindest. Innere und äußere Krisen können sich wie dunkle Gewitterwolken und schwarze Schleier anfühlen, die niemals zu Ende gehen. Wenn deine Gedanken nicht bewusst unter die Lupe genommen werden, können sie dich immer tiefer in Hoffnungslosigkeit treiben.

Erkenne daher als ersten Schritt an, dass deine Lage gerade „unter null" liegt. Du kannst und musst von diesem Punkt aus nicht in deine Berufung springen. Du darfst erst Selbstfürsorge in allen wichtigen Bereichen an den Tag legen, um wieder einen neutralen Nullpunkt zu erreichen, von dem aus du langsam und geduldig in eine gestalterische Richtung aufbrechen darfst. Es ist vollkommen in Ordnung, solche Phasen zu durchleben. Meist lernen wir gerade hier am meisten. Unser Charakter formt sich in Momenten der Grenzerfahrungen. Richte dich darauf aus, dass diese Situation dir dienen wird und du eine Menge Geschenke daraus mitnehmen möchtest. Sei beobachtend, aufnehmend, lernend. Ermutige dich mit dem Gedanken: Das Leben meint es nicht persönlich. Du bist keine besonders verhasste Zielscheibe für Schicksalsschläge. Du bist lediglich herausgefordert zu wählen, wie du die Situation interpretieren möchtest. Deine Haltung entscheidet über den Ausgang der Situation und kann dich lehren herauszufinden, wer du bist, wie du persönlich damit umgehen möchtest und welche Ressourcen aus deinem Fundus von Charakter, Haltung, Begabung und äußeren Gegebenheiten du nutzen kannst, um dieser Situation die gewünschte Wendung zu verleihen.

> **Wie kannst du einen Plan zur faktischen Umsetzung erstellen?**

Nutze hier dein empathisches Gefühl ganz gezielt: Empathie bedeutet nicht nur, sich in andere Menschen hineinzuversetzen, sie ist auch die Basis für deine Vorstellungskraft hinsichtlich deiner Zukunft. Je klarer du nicht nur sehen, sondern auch fühlen kannst, wie sich ein zukünftiges Szenario gestalten könnte, umso ausgerichteter kannst du in die Umsetzung gehen. Entscheide zuerst, inwieweit die Gabe des Mitgefühls Teil deiner Berufung ist und welchen Stellenwert sie für dich einnehmen soll. Dabei kannst du folgende Punkte beachten:

◊ *Wie viel Auszeit brauche ich für mich, um immer wieder bei mir anzukommen und neu aufzutanken?*

Diese Frage stellt sich insbesondere im Hinblick auf Zeitmanagement. Wenn du weißt, dass du aufgrund deiner Sensibilität nicht für eine Vierzigstundenwoche gemacht bist, tust du gut daran, dies in deine Planung mit einzubeziehen. Erlaube dir, aus der Box herauszudenken. Nur, weil viele andere Menschen der Überzeugung sind, dass die Basis des Erfolgs Überarbeitung und Verzicht bedeuten, muss dies nicht für dich gelten. Mach die Regeln der Empathie zu deinem persönlichen Maßstab. Deine wichtigen Parameter sind Erholungszeiten, dein Bedürfnis nach Ruhe und

Ausgeglichenheit und deine Sehnsucht nach echten Kontakten voller Verständnis, Ermutigung und Intimität. Du unterscheidest dich womöglich sehr stark von den Bedürfnissen eines Menschen, der rational und wenig emotional beteiligt sein Lebensmodell kreiert. Daher musst du seine Parameter nicht als deine benutzen; sie sind für dich nicht brauchbar.

◊ *Welches ist die Zielgruppe meines Dienstes an Menschen, für wen ist meine Berufung gedacht?*

Berufung ist dann erfüllend, wenn sie einen Dienst an anderen Lebewesen beinhaltet. Ja, dies kann auch Tier oder Natur sein, es müssen nicht andere Menschen sein, denen du deine Empathiefähigkeit widmest. Wichtig zu beachten ist, dass du eine Zielgruppe erwählst, die dich nicht aussaugt und auf deren Bedürfnisse deine Begabung passt, ohne dass du dich verbiegen musst. Es nutzt niemandem, wenn du meinst, du müsstest unbedingt die größte vor dir liegende Not adressieren, dazu jedoch keine Tools oder Fähigkeiten hast. Wenn vor deiner Haustür jemand auftaucht, der zehntausend Euro benötigt, du jedoch nur noch fünf Euro im Portemonnaie hast, bist du nicht der Mensch, der ihm weiterhelfen kann. Wenn jedoch jemand in Tränen aufgelöst ein offenes Ohr braucht und dein Herz in Mitgefühl bewegt wird, du den natürlichen Zug spürst, helfen zu wollen, und eine gemeinsame Sympathie als Grundlage vorliegt, bist du genau der Richtige.

◊ *Kann/möchte ich mich in einem Bereich weiterbilden, der mir für meine zukünftige Vision dient?*

Wenn dir ein bestimmtes Zertifikat fehlt, du Interesse an einem Bereich hast, in dem du noch Wissen benötigst, oder eine wichtige Erfahrung dir zu deiner Berufung fehlt, zögere nicht, in die Umsetzung zu gehen! Wenn die Weiterbildung noch nicht deine Berufung ist, aber ein Schritt dorthin, bist du bereits auf dem richtigen Weg. Achte auch hier darauf, dass es sich stimmig anfühlt und du bereit bist, für den neuen Schritt Platz zu machen und Altes gehen zu lassen. Umstrukturierungen im Alltag sind eventuell vonnöten, vielleicht eine andere Betreuungszeit für deine Kinder, unterstützende Kontakte, ein Teil deines Geldes für Beratungsgespräche oder vielleicht sogar ein Umzug oder eine Bewerbung auf eine Stelle, an die du dich bisher nicht getraut hast. Doch wenn du spürst, dieser oder jener Schritt ist der richtige und du hast keine Bauchschmerzen, die dich auf einen Fehltritt hinweisen, trau dich. Bedenke klug die möglichen Folgen deines Schrittes und ignoriere mögliche Risiken nicht, doch geh mutig voran, wenn du dir sicher bist. Eine Weiterbildung auf die eine oder andere Weise kann dir auch Hinweise auf noch unbekannte Talente und Interessensbereiche geben, die dir im Hinblick auf deine Berufung dienen können.

◊ *In welcher Umsetzungsphase befinde ich mich aktuell?*

Eine Analyse des aktuellen Standes und ein realistischer Zeitplan für deine geplanten Handlungen wird dir helfen, zielgerichtet zu handeln und deine Energie in sinnvolle Schritte zu investieren. Stelle dir zum Beispiel die Frage danach, wo du dich in drei, fünf oder zwölf Monaten siehst. Welche Schritte sind wann an der Reihe? Es ergibt zum Beispiel wenig Sinn, einen Kredit für eine Therapiepraxis auszugeben oder bereits Klienten anzuwerben, wenn dir noch ein Zertifikat fehlt. Visualisiere das Ziel und richte die Schritte nacheinander aus. Versetze dich mithilfe deiner empathischen Begabung in deine Zielgruppe hinein oder in das Gesicht deines Projektes, deiner Firma, deines Wohnortes. Betrachte diese Welt mit deinen inneren Augen, deinem Körpergefühl und deiner Intuition. Gehe den Weg über die Wochen, Monate und Jahre durch, stelle dir vielleicht sogar vor, welche Person du beim Ausleben deiner Berufung sein wirst. Deine Empathie kann dir sogar dabei helfen, einen Rat deines zukünftigen Ichs für deine Gegenwart zu erhalten, wenn du dir vorstellst, du stündest leibhaftig vor dir und könntest mit all deinen Sinnen eine echte Begegnung erfahren. So können dir neue Hinweise und Ideen auch bezüglich der richtigen Zeit für deine Pläne zugetragen werden.

> **Vertraust du in die Bedeutung deiner Begabungen und in deinen Instinkt?**

Noch einmal die Frage nach deinem Vertrauen in dich selbst: Bist du der Meinung, dass du hier auf dieser Erde einen Unterschied machst? Fürchtest du heimlich, dass es vollkommen unerheblich ist, ob du nun zur Tat schreitest oder nicht? Hinterfrage an dieser Stelle offen deine Glaubenssätze. Vielleicht kommst du zu dem Ergebnis, dass es sich lohnt, in deine Berufung zu treten, wenn du nur einem einzigen Menschen oder anderen Lebewesen damit helfen kannst. Vielleicht erkennst du, dass du dein Leben lang gelernt hast, dass deine Anwesenheit nicht zählt und entscheidest dich, diese Geschichte als deine bisherige Wahrheit zu verlassen, um einem anderen Weg zu folgen.

Dein Instinkt, besser deine Intuition baut sich nicht nur aus deinen Erfahrungen auf. Sie ist tief in dir ein Teil deiner und auch der Vergangenheit und Lebenswelt deiner Eltern und wichtigen Bezugspersonen. C.G. Jung sagte: „Ich bin, weil die anderen sind." Dein Charakter, deine Sicht auf die Welt und dein Lebensgefühl bilden sich nicht nur aus dir selbst, sondern auch aus dem Einfluss deiner Umwelt. Daher ist es so wichtig, zu entscheiden, mit wem du dich umgeben möchtest. Die wachsende Wahrnehmung deiner Intuition ergibt sich aus deinen Erfahrungen, Überzeugungen, deiner inneren Wahrheit und deiner Vorstellung von dem, wer du sein möchtest. Intuition unterscheidet sich von deinem natürlichen Warnsystem vor Gefahren: Letzteres ist vor allem dafür zuständig ist, dich vor erneuten negativen Erfahrungen zu schützen. Deine Intuition folgt immer deiner inneren Wahrheit, die an dieser Stelle nicht als gut oder schlecht bewertet werden kann. Sie entspricht schlicht deiner tiefsten Überzeugung. Deine innere Wahrheit geht tiefer als dein Instinkt für Gefahren. Sie orientiert sich an deinen Werten und birgt daher tiefe Heilungschancen für das Vertrauen in deine persönliche Wahrnehmung, deine Weltsicht und deine Entscheidungen bezüglich deines persönlichen Lebensweges.

Tipps und Tricks im Alltag von Beruf und Berufung:

⇨ Übe aus Selbstliebe, bei dir zu bleiben. Wenn du dazu neigst, unfreundliches Verhalten oder ein Missverständnis zu überinterpretieren und dir Sorgen um die Zuneigung deines Gegenübers zu machen, erinnere dich immer wieder daran, dass du nicht die Hauptverantwortung für das Gelingen einer guten Atmosphäre tragen musst: Du bist zwar darin begabt, doch nur gemeinsam und auf Augenhöhe kann ein harmonisches Miteinander geschaffen werden.

⇨ Deine Berufung ist einer der wichtigsten Bereiche deines Lebens: Wenn du das Bedürfnis danach verspürst, deinem Alltag einen tieferen Sinn abzugewinnen, gib diesem Wunsch nach. Sei es dir wert, dein Dasein nicht zu fristen, sondern eine Tätigkeit zu finden, die dir und deinem Wesen voll und ganz entspricht und deine Werte untermauert.

⇨ Umgib dich mit Menschen, die deinen Traum unterstützen und ähnliche Werte vertreten. Als empathischer Mensch ist es von erheblicher Bedeutung, dass du in einem sozialen Gefüge ankommst, in welchem du dich genährt und unterstützt fühlst und in gemeinsamen Gesprächen eine Spiegelung dessen erlebst, was dich in deiner Essenz ausmacht und dir ein gutes Selbstwertgefühl verleiht. Vermeide es, deine tiefsten Träume Menschen zu offenbaren, von denen du bereits weißt, dass sie dein inneres Feuer durch ihre Reaktion eher schwächen und dir das Gefühl geben, verkannt zu werden. So schützt du das, was dir wichtig ist, vor liebloser und destruktiver Kritik und sparst Energie für die Kontakte, die dir Kraft geben.

Inspiration

Beende folgende Sätze:
- ⇨ Meine Berufung ist für mich ...
- ⇨ Ich möchte in Zukunft lernen, ...
- ⇨ Alles, was ich tue, hat Auswirkungen. Ich möchte dazu beitragen, dass ...

Innerer Guide zu den Herzkammern meiner Berufung:
- ⇨ Wenn alles möglich wäre, würde ich ...
- ⇨ Wenn ich nicht verletzt werden könnte und mit offenem Herzen fühle, weiß ich, dass ...
- ⇨ Wenn Geld keine Rolle spielen würde ...
- ⇨ Ich habe als Kind immer davon geträumt ...
- ⇨ Wenn die richtigen Menschen sich finden, werde ich mit ihnen gemeinsam ...
- ⇨ Ich möchte mich dazu entscheiden, voll und ganz ...

Schaffe Raum für deine Berufung:
- ⇨ Folgende zehn Aktivitäten rauben mir Zeit und Energie, die ich in den Aufbau meines Traumlebens investieren könnte:
- ⇨ Ich möchte diese Aktivitäten loslassen und durch die drei folgenden neuen Aktivitäten ersetzen, die ich in den kommenden 21 Tagen etablieren will:
- ⇨ Meine tägliche Liste von Dingen, für die ich dankbar bin: ...
- ⇨ Es besteht jeden Tag neu die Möglichkeit ...

Mitgefühl mit mir selbst:
- ⇨ Ich leide darunter, dass ...
- ⇨ Um ehrlich zu sein, ...
- ⇨ Wenn ich selbst mein eigenes Kind wäre, würde ich mir ermöglichen ...
- ⇨ Ich bin traurig über ... ab heute ...

- ⇨ Ich bin es mir wert, dass ...
- ⇨ Heute entlasse ich mich aus folgenden drei Erwartungen, die ich an mich selbst hege und die mich jeden Tag neu unter Druck setzen: ...
- ⇨ Ich habe in den letzten Jahren so viel Kraft und Energie investiert in ...

Kommunikation

*„Wenn ich Menschen nicht dazwischenfahre, passen sie auf sich selbst auf,
Wenn ich Menschen nicht befehle, verhalten sie sich von selbst richtig.
Wenn ich Menschen nicht predige, werden sie von selbst besser,
Wenn ich mich Menschen nicht aufdränge, werden sie sie selbst."*

C. Rogers

Dieses Zitat gilt als eine erfolgreiche Grundlage für empathische Kommunikation. Der Psychologe und Psychotherapeut Carl Rogers erkannte treffend, dass die Lösung eines Menschen für seine Probleme immer in sich selbst liegt. Somit ist wahrhaftige Empathie dann erfolgreich, wenn der Mensch sich in deiner Resonanz selbst begegnen kann. Empathie ist ein Spiegel für das tiefste Wesen des anderen, für das, was wahrhaftig in ihm vorgeht und ihn dazu bewegt, mit sich selbst in Kontakt zu kommen.

Dein Gegenüber erhält durch deine authentisch-empathische Kommunikation den Eindruck, dass du ihn verstanden hast und ist bereit, sich weiter zu öffnen. Wichtig dabei ist, dass du präsent bist und in dir ruhst. Daher ist das Kapitel zum Thema Grenzen so wichtig. Nur in einem Gespräch, dem du dich innerhalb gesund abgesteckter Grenzen voll widmen kannst, bist du auch bereit, dem anderen deine Aufmerksamkeit auf eine Weise zu schenken, die zu echtem Verständnis führt.

Regeln für kraftvolle und zielgerichtete Empathie in der Kommunikation

- ➢ Gib das Gesagte deines Gegenübers in eigenen Worten wieder. Sei dabei authentisch und präsent, plappere nicht nur seelenlos nach, was du gehört hast.
- ➢ Halte lockeren, entspannten Augenkontakt und wende dich in deiner Körperhaltung deinem Gegenüber zu.
- ➢ Unterbrich deinen Gesprächspartner nicht.
- ➢ Folge in deiner Replik immer dem Gesprächsinhalt deines Gegenübers, das bedeutet: Was er zu erzählen hat, ist exakt das, was gerade dran ist. Mach dir nicht die Mühe, schon einige Schritte vorauszudenken oder zu meinen, du hättest eine Lösung parat, in deren Richtung du die Gedanken deines Gegenübers lenken musst. Echte Empathie lässt den anderen genau da, wo er gerade ist und muss ihn nicht verändern. Wenn du Bevormundung übst, bist du nicht mehr empathisch, sondern eher bei deinen persönlichen Lebenskonzepten gelandet.
- ➢ Spiegele nicht nur seine Worte, sondern auch die Emotionen, die du dahinter wahrnimmst. Beispiel: „Das fühlt sich für dich beengend an." „Du siehst traurig aus." „Da hast du dich aber gefreut!" Somit fühlt dein Gegenüber sich ganzheitlich wahrgenommen.
- ➢ Lausche mit dem Herzen. Es ist nicht zu unterschätzen: Wir alle sind auf der einen oder anderen Ebene empathisch und jeder Mensch spürt, ob du wirklich mit dem Herzen zuhörst und offen bist oder ob du deine Aufmerksamkeit nur spielst. Glaube nie, dass du dieses intuitive Gefühl in menschlichem Kontakt umgehen kannst.

➢ Behalte immer positive Wertschätzung dem anderen gegenüber. Sobald eine negative Wahrnehmung deinerseits in der Atmosphäre mitschwingt, ist es mit der empathischen Haltung vorbei. Jeder Mensch möchte geliebt, positiv wahrgenommen und voll und ganz angenommen werden mit allem, was gerade da ist. Wenn dein Gegenüber Vorurteile deinerseits spürt, wird er sich nicht verstanden fühlen, natürlicherweise dazu tendieren, sich vor Verletzung zu schützen und sich zurückziehen. Mache dir daher auch im privaten Umfeld vorher bewusst, wie du dem Menschen innerlich gegenüberstehst: Bist du bereit, ihm in einer wertschätzenden, positiven Grundhaltung zu begegnen oder belastet etwas eure Verbindung?

➢ Sei gesund ehrfürchtig für die Belange des anderen: Was er erzählt, ist in diesem Moment wichtig. Es kommt nicht darauf an, ob du den Inhalt schon unzählige Male gehört hast oder selbst das Thema als unwichtig empfindest. Es kommt nicht auf die Absehbarkeit des Inhaltes an. Bleibe präsent im Moment und lausche dem anderen in dem Wissen, dass sein Erleben gerade einzigartig für ihn ist.

➢ Wenn ein Gespräch sich um einen Konflikt zwischen dir und dem Gegenüber dreht, beobachte deine eigenen Reaktionen auf das Gesagte und teile deine Gefühle mit. Zuvor jedoch bleibe mit deiner Aufmerksamkeit bei deinem Gegenüber und übe dich im Verständnis dessen, worum es ihm geht, ohne es zu beurteilen. Es ist nicht einfach, nichts persönlich zu nehmen. Doch für eine verständnisvolle Kommunikation ist es unerlässlich, dass du beim anderen bist, wenn er spricht – und dich erst mit deiner Seite einbringst, wenn ihr beide dafür den Raum geschaffen habt. Selbstverständlich sollten beide Anteile genügend Raum finden. Zuerst geht es ums gegenseitige Verständnis und erst im zweiten Schritt um eine mögliche Lösung des Konflikts.

Inspiration

Du kannst deine empathische Kommunikation an dir selbst üben:

Erzähle dir schriftlich etwas, das dich bewegt. Lass dich schreiben, bis alles gesagt ist. Verfasse dein Anliegen gern in Briefform.

Als Antwort darauf schreibst du dir nach achtsamem, aufmerksamem Lesen einen Brief, der genau die Worte beinhaltet, die du brauchst, um dich vollkommen gesehen, verstanden, getröstet und angenommen zu fühlen. Stell dir gern auch vor, dass du in der ersten Rolle das Kind bist und im Antwortbrief als Elternteil genau das formulierst, was du als Kind gern gehört hättest.

Übe dies gern regelmäßig. Es hilft dir sowohl akut in Situationen, in denen du tatsächlich ein offenes Ohr brauchst, als auch darin, immer feinfühliger für empathische Kommunikation zu werden. Insbesondere bewertende oder beurteilende Kommunikation lässt sich so wirkungsvoll stoppen, denn du spürst am eigenen Leib, wie es sich anfühlt, wenn das Gegenüber sich in seinem empathischen Versuch im Ton vergreift und dich bevormundet, anstatt dich zu verstehen.

Praktische Übungen und Tipps

„In Wirklichkeit ist der andere Mensch dein empfindlichstes Selbst in einem anderen Körper."

Khalil Gibran

Nun erreichst du das Herzstück eines empathischen Lebens: die Praxis. Gelebte Empathie für dich selbst und andere ist ein mächtiges Werkzeug zum Bau eines sozialen und gesellschaftlichen Miteinanders, welches nicht länger auf Konkurrenz basiert, sondern auf gegenseitigem So-sein-lassen. Erst durch Mitgefühl wird unser Leben wirklich lebendig. Es erlaubt uns, uns als Teil des großen Ganzen zu erleben und das Gefühl der Trennung zu überwinden.

Hier erhältst du eine Sammlung an Tipps und Tricks für gesunde Selbstfürsorge, gelebtes Mitgefühl, empathische Kommunikation, erfüllende Tätigkeit in freundschaftlicher Atmosphäre bis hin zu gelingenden intimen Beziehungen.

Für ein Leben, welches auf Liebe und Mitgefühl basiert, kannst du dich auf vier wichtige Bereiche konzentrieren und sie mit deiner persönlichen Wahrheit in Einklang bringen: Spiritualität, Gemeinschaft, die Beziehung zu dir selbst und deine Träume.

Folgende Aspekte kannst du für dich ausloten, damit sie dir und deinem Umfeld aktiv dienlich sind:

> Empathie hilft dir bei der Auswahl der Menschen, die zu dir passen:
> Je deutlicher du Atmosphären, innere Lebenspläne und die Ausrichtung eines Menschen wahrnehmen kannst, umso klarer kannst du entscheiden und spüren, ob dieser Mensch Teil deines „Stammes", deiner Peer-Group, deines engen Freundeskreises ist, mit dem du gemeinsam dein Leben gestalten möchtest. Hiermit entdeckst du den Bereich der **Gemeinschaft**.

> Empathie ist hilfreich für die Integration deiner eigenen Schatten und ein ganzheitliches Ankommen in dir als deinem Zuhause:
> Was du in anderen Menschen wahrnimmst, was dich abstößt, du zu vermeiden suchst oder was dich besonders triggert, ist immer ein Hinweis auf etwas, das auch in dir lebendig und zumindest im Untergrund aktiv ist. Häufig sind es ungelebte und ungeliebte Anteile, die wir verbergen und lieber als unangenehme Eigenschaft im anderen verurteilen. Wo es dir schwer fällt, empathisch zu sein oder du stark emotional reagierst, kannst du in die Reflexion gehen und zuerst fragen: Wo finde ich diesen Anteil in mir selbst? Was hat diese Verhaltensweise mit mir zu tun? Der Prozess verhilft dir nicht nur zum verständnisvollen Einklang mit anderen, sondern auch mit dir selbst. Damit erarbeitest du einen der Kernpunkte im Bereich **Selbstliebe/Beziehung zu dir selbst**.

> Empathie ist ein hervorragender Kanal zur Entwicklung einer transzendenten Verbundenheit – wenn gewünscht – und auch eine wunderbare Begleiterin auf deiner Suche nach dem, was dich im Kern antreibt und wozu du glaubst, auf dieser Welt zu sein. Mit deinem persönlichen „Warum und Wozu?" wird alles, was du tust und worin deine Energie, deine Kraft und deine Ressourcen fließen,

lebendig und voller Anziehungskraft für andere. Der Autor und Unternehmensberater Simon Sinek hat einmal gesagt: „People don´t buy what you do, they buy why you do it." So verhält es sich mit dir selbst und deinen Mitmenschen: Wenn du dein persönliches Warum und Wozu kennst, wirst du dir selbst deine Entscheidungen abkaufen können. Du wirst dir treu bleiben und zu dir stehen, auch wenn du zeitweilen ein Nadelöhr durchqueren musst. Du wirst das Ziel im Auge behalten, getragen von etwas Tieferem als nur der nächsten Ersatzbefriedigung. Wenn du durch dein Mitgefühl mit der Welt, deinen Mitmenschen und dir selbst erspüren kannst, wozu du gerade heute und ausgerechnet zu dieser Zeit morgens aufstehst, wirst du den Langstreckenlauf Leben erfolgreich absolvieren. Dieser Bereich wird abgedeckt im Raum **Spiritualität/Sinnsuche**.

➢ Bearbeitest, nährst und pflegst du all diese Bereiche dauerhaft, näherst du dich der praktischen Ausführung, dem Ausdruck ihrer gemeinsamen Funktion: Du hast alle Ressourcen, um deine Träume auf den Weg zu bringen. Du möchtest ein Ziel erreichen oder mehrere kleine. Du bist ausgerichtet auf eine Vision und gehst damit in die Planung und Umsetzung. Dazu hast du die Menschen um dich geschart, die zu dir passen, die innere Ausrichtung, eine gesunde Haltung zu dir selbst und kannst somit ein Leben gestalten, welches mehr beinhaltet, als nur das Überleben im Alltag. Als empathischer Mensch stehst du immer wieder im Zwiespalt zwischen dem Verständnis für andere und dem Verständnis für dich selbst, denn hin und wieder kommt es zu unterschiedlichen Bedürfnissen und Zielen. Du bist dabei gefordert, einen goldenen Mittelweg zu finden, ohne deinen Pfad zu verlassen: Je mehr Mitgefühl du empfindest, umso eher kann es dazu führen, dass du deine Träume von Zeit zu Zeit vergisst, wenn es darum geht, für einen geliebten Menschen voll und ganz da zu sein. Du darfst lernen, deine empathische Ader weiter auszuleben, sogar zu verfeinern und trotzdem deiner Linie treu zu bleiben. Somit werden deine Träume nicht das Mahnmal deiner Opferbereitschaft, sondern ein leuchtendes Beispiel für das erfolgreiche Leben weichherziger, sanftmütiger und mitfühlender Menschen, die sich dafür entschieden haben, ihren Weg mitsamt all ihrer Verletzlichkeit zu gehen und darin eine Gabe zu sehen, die anderen dienen möchte. Im Bereich **Träume** kannst du diesem Aspekt in deinem Leben Raum schenken.

Spiritualität/Sinnsuche

Ausdruck von Spiritualität durch Religion

Wenn du den Ausdruck Spiritualität hörst, kann es sein, dass dir bestimmte Assoziationen kommen, mit denen du dich gar nicht identifizieren kannst. Meditierende Mönche, religiöse Kirchgänger, indigene Ureinwohner oder asketische Einzelgänger mögen nur einen kleinen Teil der typischen Bilder sein, die uns zum Thema Spiritualität bisher über den Weg gelaufen sind.

Vielleicht hast du dich selbst auch schon in spiritueller Richtung erlebt und ausgelebt und schlechte Erfahrungen gemacht. Du schottest deine natürliche Neigung dazu ab, weil du deinen eigenen Weg, der sich für dich gut und richtig anfühlt, noch nicht gefunden hast.

Wiederum mag es sein, dass du bereits weißt: Ohne Spiritualität geht bei mir nichts – und das drückt sich auch in religiösen Gefühlen und Handlungen aus. Du fühlst dich tief verwurzelt in dem Wissen: Da ist noch mehr. Vielleicht weißt du selbst nicht genau, was es ist, doch ein Leben ohne einen höheren Sinn würde für dich vollkommen am Ziel vorbeiführen.

Gerade empathische Menschen haben oft einen, wie auch immer gearteten, tiefen Zugang zu ihrem spirituellen Wesenskern. Da sie sehr viel wahrnehmen, Gefühle, Stimmungen und unterschiedliche Atmosphären, aber auch die innere Bilderwelt sehr aktiv sein kann, fällt es ihnen nicht schwer, die Welt auf eine Art zu erfahren, die mehr sieht, als der Mensch über seine fünf Sinne und seine Filterblase erlebt.

Ein Mensch, der mehr oder weniger frisch in seine Spiritualität eintaucht, sieht sich der Herausforderung gegenüber, weise und reif wahrzunehmen, sich Zeit zu nehmen, die Eindrücke auf persönliches Wohlbefinden zu prüfen und darauf zu achten, sich in gemeinschaftlichen Räumen zu bewegen, in denen die eventuell religiöse Weltsicht nicht zum Dogma wird. Die Gabe der Empathie kann dabei von großem Nutzen sein. Generell gilt: Wenn du dich einer Spiritualität zuwendest, die in Richtung Religion oder gemeinsamer Ausführung bestimmter Rituale geht, wie Gottesdienste, Meditationen, Jüngerschaft jeglicher Art, Zusammenkünfte etc., verlasse dich immer auf dein Bauchgefühl:

Welche Menschen triffst du in dieser Gruppierung an? Wie leben sie? Sind sie offen für andere Weltsichten, stehen sie für etwas oder sind sie grundsätzlich dagegen, schotten sich ab oder tendieren dazu, über andere zu bestimmen? Fühlst du dich bei den Übungen und Ritualen wohl, entsprechen sie deinem natürlichen Zugang zur Spiritualität?

Was beobachtest du, wie mit Menschen umgegangen wird, die anderer Meinung sind? Wie wird das Thema Vorbild gelebt? Fühlst du dich weiter eigenverantwortlich und genießt die Freiheit, zu tun und zu lassen, was du für richtig hältst? Gibt es Leiter, die mehr sein möchten als nur Vorbilder, die für sich beanspruchen, Regeln aufzustellen? Wie empfindest du das Miteinander untereinander und auch in Wechselwirkung mit dem Rest der Gesellschaft?

Empathie hilft dir bei der Unterscheidung: Einerseits darfst du lernen, dich nicht von dem durcheinander bringen zu lassen, was du wahrnimmst, selbst, wenn es unangenehm ist. Du musst nicht gleich Reißaus nehmen oder jemanden als gefährlich einstufen, wenn du charakterliche Schwächen wahrnimmst oder eine Atmosphäre, die dir nicht bekommt. Du darfst weiter beobachten, ohne zu bewerten, vor allem unter dem Gesichtspunkt: *Tut mir gut, was ich erlebe?* Bringt es mich weiter, passt es zu mir, fühle ich mich unterstützt und erfüllt, lebe ich auf? Oder empfinde ich immer wieder Druck, Pflichtbewusstsein, vielleicht einen grauen Schleier in meinem Gefühlsleben, das Gefühl, dass etwas falsch läuft?

Achte darauf, zu beurteilen, ob die Gefühle, die du wahrnimmst, von dir stammen oder von deiner Umwelt. Gerade im Bereich Spiritualität in Gemeinschaft ist dies oft nicht leicht zu unterscheiden. Lass dir Zeit mit der Beurteilung und entscheide dann mutig und klar, wie du damit umgehen möchtest.

Bedenke: Nichts muss für immer sein. Du darfst dich jederzeit anders orientieren, deine Sichtweise und deinen Glauben ändern und dich neu erfinden. Du bist frei, tiefer in etwas einzusteigen oder die Situation zu verlassen, wenn die Umstände es erfordern. Dein Mitgefühl dient dazu, mit anderen Menschen tief im Austausch und im Kontakt sein zu können, nicht dazu, dich in deiner Haltung zu verunsichern.

Grundsätzlich lässt sich sagen: Religiöser Ausdruck von spirituellem Empfinden gehört seit Anbeginn der Menschheit zu unserem gesellschaftlichen und sozialen Menschsein und ist Teil unserer Identität. Nicht jeder Mensch empfindet gleich und viele Menschen empfinden sich selbst weder als spirituell noch als religiös – und finden dennoch einen Sinn für ihr Leben. Doch im Gesamtbild hat Religion in unserem Menschsein einen Platz inne, der die Schönheit und Magie des Lebens vermittelt, Sicherheit bietet und bei gelebter Empathie auch verbindend und stärkend wirken kann.

Persönliche Spiritualität

Spiritualität beginnt nicht zuerst in Gemeinschaft, der Zugehörigkeit zu einer bestimmten Gruppierung, sondern ganz natürlich in dir selbst. In Verbindung mit deiner empathischen Ader kannst du herausfinden, was dich anspricht: Zu welchen Gedanken tendierst du ganz natürlich von selbst, was erscheint dir wahrhaftig und authentisch? Du musst nicht religiös sein, um deine persönliche Spiritualität zu entwickeln und als Teil deiner Ressourcen in dein Leben zu integrieren.

Wie würdest du deine eigene Spiritualität beschreiben, wenn du wüsstest, dass niemand beurteilen darf, ob dies gut oder schlecht ist? Was bedeutet es für dich persönlich, ein spiritueller Mensch zu sein? Im Spiegel der Angebote aus der Welt der Spiritualität kannst du herausfinden, was dich anspricht. Doch vielleicht findest du auch an keiner entsprechenden Stelle einen Ausdruck, der dir wirklich zusagt oder findest dich nur in Teilaspekten verschiedener spiritueller Richtungen wieder.

Echte Spiritualität ist ein Verschmelzen mit der inneren Wahrheit, welche auch immer diese sein mag. Es ist ein Wissen um das Verankert-Sein in einem größeren Ganzen, ein Bewusstsein um deinen Platz in dieser Welt, die tiefe Erfahrung eines weiten, inneren Raums, mit vielen Möglichkeiten, die Welt und ihre Zusammenhänge zu betrachten.

Gelebte Spiritualität erlaubt das Suchen, das Fragen, das Ergründen einer Welt, die nicht mit bloßem Auge zu sehen und nicht immer logisch erklärbar ist. Sie ist tief in individueller Wahrnehmung gegründet und lebt durch den Emotionalkörper mehr als durch Beweise, hat nicht den Anspruch an wissenschaftliche Erklärung. Ein wahrhaftig spiritueller Mensch ruht im Nichtwissen.

Mit Empathie verhält es sich ähnlich, darum sind spirituelle Menschen oft gleichsam mitfühlend: Zu spüren, wie es einem anderen Menschen geht und was er fühlt, bedarf keiner Beurteilung, keiner Prüfung auf Legitimität oder Logik, die Gefühle und das Erleben eines Menschen können nicht wegrationalisiert werden. Alles darf sein als eine Perspektive von vielen. Es geht nicht um Wahrheit, sondern um das gemeinsame Erleben einer Sichtweise, um Gemeinschaft in der persönlichen Lebenswelt eines Individuums. Wir besuchen einander in unseren gegenseitigen Welten.

Darum ist es wichtig, dass deine persönliche Spiritualität dir entspricht und du dich darin wiederfindest. Mit und in ihr kannst du den Spiegel wählen, in dem du dich und andere erleben möchtest und wählst die Filter, durch die du dein Erleben schickst, bevor du dich in deiner Realität einrichtest.

Deine persönliche Spiritualität, dein Fragen und Finden, Suchen und Erkennen ist stetig im Wandel. Beobachte freimütig die

Entwicklungen und Veränderungen deiner persönlichen Überzeugungen und beachte, dass sie sich in Wechselwirkung mit deiner Umwelt formen: Womit du dich umgibst, beeinflusst dein spirituelles, transzendentes Empfinden. Daher wähle immer nach deinem Wohlbefinden, wovon du dich beeinflussen lassen möchtest. Wer möchtest du sein? Mit wem möchtest du dich darin verbinden?

> **Inspiration**
>
> Im Folgenden findest du einige spirituelle Übungen als Input.
>
> ⇨ **Meditation/Gebet**
>
> Meditation und Gebet sind ganz individuell zu verstehen. Ob du nun zu einem Gott betest, dich der Liebe hingibst oder über einen wichtigen Gedanken nachsinnst, der dir hilft, ganz bei dir anzukommen – das Feld ist so weit, wie du es bist. Wenn du möchtest, kannst du Atemübungen erlernen, Yoga praktizieren oder auch in Bewegung meditieren. Finde einen Zugang, der dir hilft, dich neu auszurichten, innerlich still zu werden und den Sturm schweigen zu lassen. Die passende Praxis wird dir ein hilfreicher Anker im Alltag sein.
>
> ⇨ **Achtsamkeit**
>
> Achtsam durchs Leben zu gehen, bedeutet, mit allen Sinnen und auch mit der Aufmerksamkeit bei dem zu sein, was du gerade im Moment tust. Dein Leben findet nur im aktuellen Augenblick statt. Wann immer du dich voll im Hier und Jetzt befindest, kannst du das Leben nah in dir spüren und erhältst auch einen besseren Zugang dazu, wie es dir gerade wirklich geht. Deine Bedürfnisse werden deutlicher spürbar. Vielleicht wünschst du dir, mehr in Echtzeit zu kommunizieren und mit deinen Mitmenschen darüber ins Gespräch zu gehen, was gerade in dir vorgeht. Dies kann eure Beziehung mit etwas Übung stärken und zu mehr Intimität führen. Beachte hierbei die Regeln von gewaltfreier Kommunikation, so dass deine Mitteilungen mit dem richtigen Ohr gehört werden können

und nicht auf Abwehr stoßen (Buchtipp: Marshall B. Rosenberg, Gewaltfreie Kommunikation).

⇨ Körperwahrnehmung

Über den Körper kannst du transzendente Erfahrungen machen. Sie lassen sich nicht erzwingen, doch wenn du dich danach ausrichtest und über Dankbarkeit, Freude und auch deine Verbundenheit mit dem großen Ganzen meditierst, kann dein Körper sich dafür öffnen, diese Gefühle stärker wahrzunehmen. Somit werden auch festsitzende Emotionen gelöst und du lernst, Kontrolle abzugeben und loszulassen. Außerdem kannst du deinen Körper als Wegweiser zu Rate ziehen: Er zeigt dir zuverlässig, wie es dir wirklich geht und was du fühlst. Lerne seine Sprache kennen und arbeite damit. Oft weiß er schon, was du brauchst, bevor dein Gehirn es verstanden hat und in die Tat umsetzen kann.

⇨ Rituale

Rituale helfen dir, deinem Tag eine Struktur zu verleihen und dich auszurichten. Besonders in turbulenten Zeiten können sie dir innere Stabilität und Sicherheit bieten und dir ein wertvoller Anker sein. Rituale können einer spirituellen Quelle entstammen, aber auch ganz alltagsnah sein: Selbst, jeden Morgen zur selben Zeit am Kaffeetisch zu erscheinen und die Zeitung zu lesen, kann ein Ritual sein.

⇨ Lesen, Lernen, Lauschen

Füttere deine Seele mit Inhalt, der dich ermutigt, erfrischt und dir hilft, dich dem Leben gegenüber so zu positionieren, wie es dir guttut und zu dir passt. Hilfreiche Podcasts und Interviews dienen wunderbar als Input, ebenso Musik, inspirierende Ratgeber und auch deine gesamte wohnliche Umgebung. Du kannst dir zum Beispiel motivierende Sprüche und Affirmationen an den Spiegel kleben oder an den Küchenschrank hängen. So wirst du immer wieder an den tieferen Sinn hinter deinem Alltag erinnert und kannst deine Stimmung heben.

> ### ⇨ Zeit in der Natur
>
> Wir sind als Menschen im Ursprung ein Teil der Natur und nicht getrennt von ihr zu betrachten. Sind wir allzu lange davon abgeschnitten, werden wir körperlich und seelisch krank. Begib dich also immer wieder in deinen natürlichen, ursprünglichen Lebensraum: Eine feste Wohnung aus Stein ist vielleicht gemütlicher, praktischer und bietet dir Sicherheit, doch ein Teil in dir atmet im wahrsten Sinne des Wortes auf, wenn er von echter Natur und guter Luft umgeben ist. Forschungen zeigen, dass schon wenige Minuten, die du im Wald verbringst, deiner seelischen und körperlichen Gesundheit dienen. Mehr Informationen findest du unter anderem unter: https://www.waldbaden-akademie.ch/waldbaden-forschung.html

Gemeinschaft

Die engsten Freunde

Der Kreis der Menschen, die dir am nächsten stehen, macht den Wohlfühlbereich deines Seins im sozialen Kontakt aus. Gute, tragfähige Beziehungen finden auf Augenhöhe statt. Wird dein Mitgefühl wie selbstverständlich abgefragt und du erhältst selten ein offenes Ohr, fühlst dich regelmäßig ausgenutzt oder empfindest, dass diese Beziehungen dich nicht nähren, darfst du in die Neugestaltung deiner persönlichen zwischenmenschlichen Bindungen gehen.

Deine engsten Freundschaften sind dazu da, dich zu nähren und Raum für dein tiefstes Herz zu bieten. Genauso wie du Liebe weitergibst, darfst du sie auch empfangen. Vielleicht habt ihr unterschiedliche Liebessprachen (Buchtipp: Die fünf Sprachen der Liebe, Gary Chapman), doch es sollte keine große Schwierigkeit darstellen, euch gegenseitig dauerhaft verständlich zu machen: Wir sind füreinander ein sicherer Ort.

Es kommt nicht auf die Menge der Menschen an, die du zu deinem inneren Kreis zählst. Wichtig ist, dass du weißt: Ich darf hier sein wie ich bin. Deine Freundschaften sind von Vertrauen geprägt, wenn sie auch Raum für deine Schattenseiten bieten.

> **Inspiration**
>
> Versuche folgende Übung zur Reflexion über deinen engsten Freundeskreis:
>
> Male auf ein Blatt Papier einen Mittelpunkt und darum herum drei Ringe in etwa denselben Abständen von ca. drei Zentimetern. Du bist der Mittelpunkt und die drei Ringe stellen deine persönlichen Grenzen dar. Ein Ring legt sich unmittelbar um dich herum und kommt dir daher sehr nah, die anderen gehen Stück für Stück weiter von dir weg.
>
> Male dasselbe Bild exakt ein zweites Mal auf ein anderes Blatt Papier.
>
> Nun schreibe eine Liste auf mit all den Menschen, mit denen du im Kontakt stehst und um die sich auch deine Gedanken, Gefühle und deine Erlebnisse drehen. Die Liste beinhaltet sowohl deine engsten Freunde als auch deinen Chef, Kollegen oder gute Bekannte und die Familie.
>
> Nun nimm dir jede Person aus der Liste einzeln vor und trage sie in den Kreis des ersten Schaubildes ein, wo du sie aktuell verorten würdest. Kann es sein, dass dein Chef sich in einem Kreis befindet, der dir viel zu nahe kommt? Wo befindet sich dein bester Freund oder deine beste Freundin? Wünschst du dir viel mehr Nähe, stellst aber fest, dass sie im Grunde viel weiter von dir weg sind, als du es dir ersehnst? Trage alle Menschen auf deiner Liste da ein, wo sie sich aktuell befinden.
>
> Im nächsten Schritt schreibe die Namen der Menschen aus deiner Liste im zweiten Schaubild da hinein, wo es deinen natürlichen Grenzen entspricht und du es am liebsten hättest. Weiß dein Chef mehr über dich, als du möchtest? Empfindest du eine unangemessene Nähe, wünschst dir mehr Abstand? Schreibe den Namen dieses Menschen dorthin, wo es sich für dich am besten anfühlt.

Wünschst du dir mehr Nähe zu einem bestimmten Freund? Woran kann es liegen, dass ihr weiter voneinander entfernt seid? Öffnest du dich, zeigst dich voll und ganz, um diesen Menschen näher an dich heranzulassen? Was könntest du tun, um ihn näher in deinen engeren Kreis zu lassen? Schreibe auch diesen Namen dorthin, wo es sich für dich stimmig anfühlt und deinem Herzen entspricht.

Verfahre so mit allen Namen aus der Liste. Zum Schluss überprüfe noch, ob die Liste vollständig ist: Fehlt ein Name? Ist da jemand, mit dem du nicht in Kontakt stehst, zu dem du dir jedoch eine bestimmte Art von Verbindung wünschst? Füge den Namen zur Liste hinzu und trage ihn im Schaubild ein, wo du die Beziehung verortest.

Vielleicht entstehen auch Zweifel oder die Frage in dir, ob die Sympathie beidseitig besteht und du verletzt wirst, wenn du dich öffnest, um die Beziehung tiefer und intimer zu gestalten. In diesem Fall ist Mut geraten: Stehe zu dir selbst und bemühe dich nicht, die andere Person zu beeindrucken oder beweisen zu wollen, dass du gut genug für sie bist. Bleibe authentisch bei dir und zeige dich in deinem Kern so weit, wie es sich gut für dich anfühlt. Wenn dieser Mensch zu dir gehört und Teil deines engeren Kreises sein darf und möchte, wird sich die Beziehung durch dein authentisches Zeigen entwickeln.

Beachte: Was zu dir gehört, musst du niemals erkämpfen. Du musst dich für eine gesunde Beziehung weder verstellen noch außerhalb deines echten Wesens anstrengen, jemanden zu halten oder von dir zu überzeugen. Der engste Kern an Freundschaften ist ein sicherer Ort, in dem du weißt: Ich bin geliebt, so wie ich wirklich und authentisch bin.

Selbiges funktioniert auch in die andere Richtung: Beinhaltet die Liste den Namen einer Person, die du im Grunde gar nicht mehr in deinem Leben haben möchtest? Streiche ihn und fühle nach, was es in dir auslöst.

> Wenn Zweifel kommen und du dich fragst, wie das gehen soll, ihr in gegenseitigen Verpflichtungen feststeckt und die Beziehung nicht ohne weiteres zu beenden ist, schreibe gern zwei bis drei Seiten darüber, warum es dir aktuell nicht möglich ist, die Verbindung zu kappen. Erlaube dir ein Brainstorming: Welche Lösungen könnte es geben, um diese Beziehung zu beenden? Vielleicht entdeckst du auch emotionale Schutzmaßnahmen, die diesen Menschen aus deinem Resonanzfeld entfernen, selbst wenn noch äußerliche Verpflichtungen bestehen.
>
> Es mag ein längerer Prozess sein, doch gib nicht auf: Meistens gibt es eine Lösung. Deine persönlichen Grenzen sind von großer Bedeutung für deine Gesundheit auf allen Ebenen. Sei es dir wert, Menschen aus deinem Leben gehen zu lassen, die dir nicht guttun – und ebenso, diejenigen näher kommen zu lassen, die zu dir passen.

Dein Wirkungskreis

Dein Wirkungskreis ergibt sich aus den Menschen, denen du mit deiner Gabe dienen möchtest. Dies müssen nicht Beziehungen sein, in denen du emotional oder anderweitig auch etwas zurückbekommst. Du befindest dich im gebenden Modus, hast Freude am Schenken und daran, das Leben dieser Menschen durch deine Empathie zu bereichern.

Entdecke die vielfältigen Möglichkeiten deines Einsatzes auch durch die Entdeckung deiner Träume und Berufung: Vielleicht befindet sich dein Wirkungskreis innerhalb deines Berufes? Möchtest du dein Mitgefühl unter deinen Mitarbeitern verschenken? Kommen deine Klienten durch deine Berufswahl in den Genuss? Oder befinden sich auch in deinem privaten Umfeld Menschen, die du bereichern möchtest, ohne dafür etwas zurückzuverlangen?

Beachte, dass dein Wirkungskreis für dich und andere nur fruchtbar sein kann, wenn du selbst innerlich gut genährt und erfüllt bist. Dies erreichst du, indem du immer auf einen vollen

Ressourcenspeicher achtest. Deine Ressourcen für körperliche, seelische und geistige Gesundheit lassen sich in unterschiedlichen Bereichen füllen: Deine engsten Freundschaften, ein erfüllendes Hobby, eine Wohnumgebung, die dir zusagt und eine erfüllende Arbeitsstelle sind nur einige von vielen Möglichkeiten.

Um herauszufinden, welches deine persönlichen Ressourcen sind, aus denen du schöpfen kannst, kannst du folgende Übung machen:

Inspiration

In der folgenden Übung widmest du dich deinem Ressourcenspeicher:

Stell dir deinen Ressourcenspeicher vor wie ein großes Haus mit fünf Räumen. Diese Räume sind unterschiedlich eingerichtet. Hinter den Türen befindet sich jeweils eine Ressource, die dich nährt und dafür sorgt, dass du etwas zu geben hast.

Beschreibe diese fünf Räume: Womit sind sie gefüllt? Welche sind die Bereiche deines Lebens, in denen du dich gestärkt und erfrischt fühlst? Musik, Beziehungen, Hobbys, Spiritualität, Sport, Kinder, deine Partnerschaft ... Beschreibe deine fünf Hauptressourcen möglichst detailliert und richte in deiner Vorstellung den jeweiligen Raum passend ein: Welche Farben repräsentieren diese Ressource? Welche Gegenstände befinden sich im Raum, welche Düfte, wie ist die Atmosphäre?

Wenn dein Ressourcenhaus fertig ist, überprüfe noch einmal, ob es sich für dich stimmig anfühlt. Vielleicht stellst du auch fest, dass ein Raum eigentlich eine besonders wichtige Ressource für dich ist, aktuell in deinem Leben jedoch nicht besonders genutzt wird. Überdenke, wie du diese Ressource neu anzapfen kannst.

Zurück zu deinem Wirkungskreis:

Nachdem du sichergestellt hast, dass du frisch und erfüllt ans Werk gehst und aus dem Vollen schöpfst, kannst du überprüfen, inweweit dein aktueller Wirkungskreis deinen persönlichen Begabungen entspricht. Viele Empathen befinden sich in Lebensumständen, die nicht zu ihrer Begabung passen. Dies kann dazu führen, dass sie immer wieder das Gefühl haben, so wie sie sind, nicht genug zu sein oder keinen wichtigen Beitrag zu leisten. Ein Empath in einem Unternehmen, welches vor allem auf Profit aus ist, ohne persönliche Belange der Kunden einzubeziehen, kann ihm das Gefühl verleihen, den Ansprüchen nicht zu genügen, die sich vielleicht vorrangig auf Kundenakquise beziehen. Vielleicht hat er nicht so viel Erfolg im Anwerben neuer Klienten oder sein Engagement im Pflegen zwischenmenschlicher Kontakte unter Kollegen wird belächelt.

So kann es dauerhaft zu Überforderung und einem Negativgefühl in Bezug auf die eigenen Fähigkeiten kommen. Die hilfreiche Perspektive auf diesen Umstand kann sein, dir bewusst zu machen, dass deine Begabung sehr wertvoll ist, du dich damit jedoch einfach im falschen Wirkungskreis befindest. Nicht überall wird wertgeschätzt, was du zu bieten hast. Für alle Beteiligten ist es daher ein großer Segen, wenn du dich damit auseinandersetzt, wo deine natürliche Begabung zu Empathie und Mitgefühl gebraucht und gewollt ist.

Ebenso darfst du dir erlauben zu überprüfen, wem du aus einem natürlichen Bedürfnis heraus gern zur Seite stehen möchtest. Was lässt dein Herz höherschlagen? Auf welche Weise möchtest du dein Mitgefühl verschenken? Es muss nicht immer nur das offene Ohr sein. Empathie kannst du auf viele verschiedene Wege weitergeben:

> ➢ **Praktische Hilfe** an der richtigen Stelle zur richtigen Zeit ist eine Folge deiner empathischen Gabe – du weißt, was der andere braucht und gehst direkt und praktisch auf das Bedürfnis ein. Vielleicht geht es einem deiner Nachbarn nicht besonders gut und du spürst, dass es ihm mehr hilft, wenn du ihn beim Aufbau eines Möbelstücks hilfst, als ihn mit Kaffee und Kuchen zum gemeinsamen Plausch zu besuchen. Oder du bietest Nachhilfeunterricht an. Es

kann einen enormen Unterschied machen, mathematische Formeln auf eine mitfühlende Art zu vermitteln, die den Schüler dort abholt, wo er gerade steht, auch mit eventuellen Selbstzweifeln, anstatt nur rein faktische Erklärungen und Übungen zu liefern.

> **Eine heilsame Umgebung zu kreieren**, benötigt Mitgefühl und Empathie: Vielleicht bist du darin begabt, Räume einzurichten, Hotelzimmer zu verschönern, Kirchen- oder Meditationsräume zu gestalten, einen Ort mit heimeliger Atmosphäre zu erfüllen, euer Kinderzimmer gemütlich zu machen, leckeres Essen zu kochen. All dies ist möglich auf der Basis von tiefem Mitgefühl und einem Gespür für die seelischen und körperlichen Bedürfnisse deiner Mitmenschen. Wirklich lebendig wird eine Umgebung dann, wenn sie mit Herz und Seele gestaltet wurde. Wer empathisch ist, kennt den Unterschied zwischen kühler Schönheit, netter Einrichtung und einem lebendigen Arrangement.

> **Unternehmungen**: Gemeinsames Erleben auf Basis von Empathie kann wahre Wunder vollbringen: In einer Partnerschaft ist die richtige Berührung zur richtigen Zeit ein Feuerwerk an Heilung und Ermutigung. Mit Hilfe von Empathie kannst du erspüren, ob deine Kinder gerade eher einen gemeinsamen Kinobesuch brauchen oder ein Familienerlebnis mit einer wilden Kanufahrt auf dem nächsten Dorfbach. Was kann deiner Freundin helfen, nach der Beendigung einer missbräuchlichen Beziehung wieder zu erleben, dass sie wertvoll ist und das Recht hat, geliebt und respektiert zu werden?

Wenn du deinen Wirkungskreis gefunden hast und darin voller Empathie erblühst, beschenkst du dich selbst und andere: Dein Handeln zeigt Wirkung, du spürst Sinn und Freude an deiner Arbeit und den Gesprächen und du beschenkst andere Menschen mit diesem wertvollen Gut, welches wiederum ihren Ressourcenspeicher zu füllen vermag.

Deine Familie

Die Familie – für viele ein heikles Thema. Als Brandherd unserer Verletzungen und Alltagsneurosen meiden viele den Kontakt oder die bewusste Auseinandersetzung mit ihren Wurzeln oder die Beziehungen sind belastet. Doch wir können nicht leugnen, woher wir kommen und tun gut daran, uns so frei wie möglich diesem Thema zu nähern.

Als empathischer Mensch findest du hier unter Umständen weitere Hürden vor, mit denen andere Menschen weniger kämpfen oder anders umgehen: Viele empathische Menschen erleben sich als Lastenträger (Buchtipp: „Lastentragen, die verkannte Gabe", Christa und Dirk Lüling), da sie in ihrer Kindheit diese Rolle übernommen haben. Oder sie suchen sich immer wieder die gleichen Partner aus, die ihre alten Verletzungen triggern und sie in vergangenen Rollenmustern festhalten. Diese Muster finden sich vor allem in der faktischen Blutsverwandtschaft wieder, im explodierenden Weihnachtsfest, den angespannten Telefonaten mit der Mutter oder dem unweigerlichen Kuschen vor einem depressiven, missmutigen Vater.

All diese Anteile sind als Teil deiner persönlichen Geschichte in dir verankert und ein Teil deiner inneren Welt. Es hilft, mit der Zeit in die Annahme deiner Vergangenheit zu gehen und dich wohlwollend damit auseinanderzusetzen. Vielleicht hast du schon gemerkt, dass du nicht ändern und verleugnen kannst, wo du herkommst. Doch es hilft enorm, dir bewusst zu machen, dass mit all deinem Verständnis Möglichkeiten entstehen, wie du neue, frische Entscheidungen treffen, dich weiterentwickeln und heilen kannst.

Empathie hilft dir, alte Muster sowohl zu erkennen als auch zu heilen und gesund zu integrieren. Dies kann sogar dazu führen, dass du mit deiner Blutsfamilie in Frieden leben kannst. Es muss aber nicht sein. Je sensibler du bist, umso heilsamer kann es sein, einen gesunden Abstand von der Familie zu wahren. In diesem sensiblen Thema dienen Coachings und Therapie oft als wunderbare Begleitung. Auch fundierte Literatur kann dir weiteren Input geben.

Tipps zum empathischen Umgang mit Familienmitgliedern

⇨ **Grenzen setzen**

All dein Mitgefühl darf zuerst in deiner eigenen Seele ankommen. Entscheide dich immer wieder neu für ein freundliches Nein, wenn es nötig ist. Es kann dazu kommen, dass dies gerade in deiner Familie nicht von vornherein akzeptiert wird. Gerade in Eltern-Kind-Beziehungen ist ein Nein des bereits erwachsenen Kindes für die Eltern oft schwer zu schlucken. Aber auch deine eigenen Kinder könnten mit dir im Konflikt stehen, wenn du Nein sagst. Wenn hier dein bereits bekannter innerer Begleiter „schlechtes Gewissen" mitmischt, zentriere dich immer wieder neu und erinnere dich: Ein Nein ist kein Liebesentzug oder eine Vernachlässigung deiner Pflichten. Du kannst zu einem Nein finden, welches voller Liebe und Wertschätzung für dein Gegenüber ist und lediglich klare Grenzen aufzeigt. Für deine Eltern und für deine Kinder ist dies ebenso hilfreich im Umgang mit dir wie für dich selbst.

⇨ **Auf die innere Bereitschaft achten**

Wenn die Anfrage deiner Familie nach gemeinsamen Unternehmungen hereinflattert, deine Eltern sich beschweren, dass du dich nicht meldest oder deine entfernten Verwandten plötzlich aufschlagen, kann dies schnell zu einem Gefühl von innerer Überforderung führen. Du darfst überfordert sein. Du darfst Nein sagen, oder einen Termin verschieben. Lass deiner Seele Zeit, auf Menschen zuzugehen, mit denen der Umgang für dich schwierig ist.

Deine innere Bereitschaft muss gegeben sein, bevor du eine Begegnung kraftvoll und auch mit dir im Reinen zulassen kannst. Wenn du weißt, dass echte, authentische Gemeinschaft mit deiner Familie, aus unterschiedlichen Gründen, nicht möglich ist, kannst du Strategien entwickeln, um dich vor einer „Emotionsinvasion" zu schützen: Du musst auf der Familienfeier nicht über persönliche Dinge sprechen. Du musst nicht deine Gefühle teilen und auch nicht die Schulter zum Ausweinen für deine Eltern sein. Wenn du spürst, dass du über deine innere Grenze gern hinauswachsen möchtest, lass dir mit diesem Weg Zeit.

⇨ **Die Familie nicht verändern wollen**

Hiermit findest du einen der wirkungsvollsten Aspekte für einen friedvollen Umgang mit deiner Herkunftsfamilie: Lass los und sei bereit, deine Familie genauso sein zu lassen, wie sie ist. Als Empath fällt dir das bei anderen Menschen meist nicht schwer. Du verstehst das Warum hinter dem Verhalten und fühlst tief mit – doch du bist meist nicht persönlich betroffen. In Verstrickung mit deiner Familie ist die Situation eine andere: Du befindest dich inmitten einer persönlichen Geschichte, die direkt oder indirekt auch deine ist.

Wenn du mit der Haltung an den Kontakt herangehst, immer verstehen zu wollen und aktiv empathisch zu handeln oder aufgrund deiner persönlichen emotionalen Involvierung dazu beitragen möchtest, dass alles neu und anders wird, kreierst du ungewollt Druck für dich selbst und Widerstand in deinem Gegenüber. Wenn deine Familie erlebt, dass du sie sein lässt und bei dir bleibst, hilfst du dabei vor allem dir selbst: Du kannst deine Geschichte klarer sehen, einordnen und verarbeiten und gleichzeitig ungesunde Verantwortungsmuster loslassen, die dir als Empath viel Energie entziehen. Selbst, wenn es im Untergrund deiner Seele rumort und im direkten Kontakt nicht sichtbar ist, können diese Muster dir das Leben im Hintergrund schwermachen. Los und sein zu lassen erweist sich also zuerst als Liebesdienst an dir selbst.

⇨ **Mutig einen eigenen Weg einschlagen**

In welcher Phase deiner Adoleszenz du dich auch befindest, immer wieder gelangst du an Weggabelungen, an denen du gefordert bist, neue Muster zu kreieren, neue Gedanken zu denken und neue Entscheidungen zu treffen, die deine Geschichte verändern und weiterführen, wenn du es wünschst.

Je bewusster dein bisheriger Weg dir wird, umso gelöster kannst du einen Weg finden, der über deine Vergangenheit und das, was du durch deine Familie erhalten hast, hinausführt. Auch im positiven Sinn wirkt sich dies aus: Erwachsen zu werden und zu sein bedeutet auch, den eigenen Weg aufgrund dessen gehen zu können, was dir an Geschenken mitgegeben wurde: Weltsicht, Charaktereigenschaften, schöne Erlebnisse, Liebe, Zusammenhalt und viele andere Aspekte deines bisherigen Familienlebens können dir auf deinem eigenen Weg dienen. Somit kannst du frei entscheiden, ob du in die Fußstapfen deiner Familie trittst oder ob du noch unausgetretene Pfade erkunden möchtest. In jedem Fall hilft eine bewusste Entscheidung darüber enorm, mit deiner Familie in Frieden leben zu können oder zumindest den Grundstein dazu zu legen.

⇨ **Dankbarkeit praktizieren**

Dankbarkeit ist sowohl als spirituelle Praxis als auch aus neurobiologischer Sicht eine Win-Win-Situation für dich in Wechselwirkung mit der Gestaltung deines Lebens: Mit einem dankbaren Blick in die Richtung deiner Familie kannst du empathisch sein, ohne deren Lasten auf dich zu nehmen. Du kannst alles Positive mit- und annehmen, was dir geschenkt wurde. Deine Stimmung verbessert sich maßgeblich. Außerdem wirkt sie wie ein wundersamer Schutzschild bei Begegnungen, in denen du dich normalerweise nicht besonders wohlfühlst. Eine dankbare Haltung strahlt aus: Ich habe alles, was ich brauche. Ich erwarte nichts von dir. Ich sehe dich, wie du bist und nehme dich an. Ich freue mich über dich und alles, was du mir bisher geschenkt hast.

Die Wertschätzung durch Dankbarkeit an deine Familie kann Wunder bewirken. Sie ist kein Zaubermittel, um jeglichen Konflikt in Luft aufzulösen, doch in dir kann ein großer Raum entstehen, der weit über das hinaus zu blicken vermag, was eventuell zwischen euch steht.

> Zudem verhilft Dankbarkeit zu einer enormen Entwicklung eines reifen Ausdrucks deines Mitgefühls: Wenn du dankbar bist, fühlst du dich kraftvoll. Du kannst leichter Grenzen setzen und gleichzeitig erweitert sich der Raum, den du für andere im Mitgefühl aufbringen kannst. Sie kann eine wertvolle Ressource für dich sein, um eine etwaige Opferhaltung zu verlassen und dein Herz noch weiter aufgehen zu lassen.

Beziehung zu dir selbst

Schattenarbeit

Schattenarbeit und Empathie – ein wirkungsvolles Doppelpack. Mitgefühl hilft dir, den anderen in dir und dich selbst im anderen zu erkennen. Ein Großteil deiner Selbstwahrnehmung entspricht dem, wie andere dich wahrnehmen und was sie dir durch die Art, dir zu begegnen auch nonverbal mitteilen. Auch umgekehrt kann dir das Verhalten anderer dir gegenüber zeigen, was du wirklich über dich selbst denkst. Unangemessenes Verhalten anderer dir gegenüber ist damit auf keinen Fall entschuldbar, doch viele der Alltagsmuster, die dir immer wieder begegnen, sollten dich aufhorchen lassen.

Deine Schatten zu integrieren und zu bearbeiten bedeutet im Kern, dass du dich auch mit dem Unangenehmen auseinandersetzt, mit dem, was weh tut. Die unangenehmen Seiten des Alltags, in denen du dich nicht in deiner Kraft erlebst, sondern vielleicht auch Krankheit, Erschöpfung oder Schmerz auf tieferen Ebenen erlebst, geben Hinweise auf das, was wohlwollend ein Schatten genannt werden darf: Auch die Sonnenseiten sind nicht weit, doch ohne Schatten gäbe es dieses Licht nicht.

Wenn du beginnst, dich mit deinen tiefen Verletzungen auseinanderzusetzen, können solche Phasen sehr intensiv und kräftezehrend sein. Achte daher besonders darauf, dass du dir viel Ruhe und Aufmerksamkeit schenkst und eher in nährende Kontakte investierst, von denen du dich getragen fühlst. Wenn in dir etwas aufbricht, ist meist nicht die Zeit, um dich intensiv um andere Menschen zu kümmern.

Viele empathische Menschen machen die Erfahrung, dass sie plötzlich mit ihrer Schattenarbeit auf bisher nicht beachtete oder uneingestandene Wünsche und Bedürfnisse, ungelebtes Leben stoßen. Dies kann tiefe Krisen auslösen, die dazu führen, dass von einem auf den anderen Tag plötzlich kein Stein mehr auf dem anderen steht. In Folge dieses inneren Aufbruchs erlebst du dich vielleicht wie auf einer Achterbahn an Gefühlen: Schuldgefühle, Wut, Trauer, Egoismus, Neugier, Abscheu. Diese starken Emotionen halten dich dazu an, ungeliebte Themen nicht länger zu ignorieren, die in dir brodeln.

Vielleicht beendest du Hals über Kopf eine Beziehung. Oder du stürzt dich in ein Abenteuer, von dem du bisher dachtest, dass es dir nicht entspricht. Einige deiner Mitmenschen mögen dir sogar vorwerfen, dass du plötzlich nicht mehr so empathisch bist, wie sie dies von dir gewohnt sind. Wenn du bereits tief verunsichert bist über dich und deine Wahrnehmungen, deine Entscheidungen und die Reaktionen deiner Mitmenschen auf deine Veränderung, trage dich mit dem Gedanken daran, dass dies nur eine Phase ist. Aufbrüche möchten und dürfen sein, sind sehr wichtig für unser menschliches Wachstum, unsere Entwicklung. Alles wird sich wieder einpendeln und eine gesunde Waage erreichen, wenn du dich selbst neu positioniert hast. Du darfst dir Zeit lassen. Besonders den Vorwurf der verlorenen Empathie musst du nicht zu sehr an dich heranlassen. Oft stammt er von Menschen, denen dein Verhalten auf die eine oder andere Weise Schmerz bereitet und die dir damit ihren eigenen Schmerz zurückspiegeln. Erinnere dich immer wieder an dein eigenes Herz: Du *bist* warmherzig. Du *bist* einfühlsam. Du *bist* wach für die Bedürfnisse anderer. Dies ist der Hauptgrund für deine Zerrissenheit. Und doch spürt etwas in dir, dass aktuell deine eigenen Bedürfnisse wichtiger sind. Ein guter, wichtiger Schritt.

> **Tipps zur empathischen Schattenarbeit**
>
> ⇨ Erlaube dir, deinen eigenen Schmerz durch den Schmerz anderer zu spüren. Nimm die Wahrnehmung als gut gemeinten Hinweis auf deine eigenen Verletzungen, derer du dich annehmen darfst.
>
> ⇨ Wenn dir ein Punkt zu stark gespiegelt wird und dich überfordert, kannst du Pausen einlegen oder dir eine Begleitung durch Freundschaften, Coachings oder auch eine Therapie suchen. Tue dir in besonders herausfordernden Zeiten außerdem viel Gutes, das dich entspannt und aufbaut. Achte dabei darauf, dass du dich nicht ablenkst, um das Thema zu umgehen, sondern um dir bewusst neue Kraft für den Prozess zu schenken.
>
> ⇨ Deine Schatten machen dich menschlich. Übe besonderes Mitgefühl dir selbst gegenüber, indem du dir erlaubst, diese Schatten haben zu dürfen. Schwäche jeglicher Art ist ein Kanal für besseres Verständnis anderen gegenüber. Zudem hilft die Integration deiner Schwächen, eine bewusst herzliche Fehlerkultur zu unterstützen, in der nicht be- und verurteilt wird, sondern gegenseitige Unterstützung ein sicheres Umfeld schafft.

Träume

Im Kapitel zur Berufung hast du zu diesem Thema bereits einiges gelernt. Die folgenden Worte dienen als Motivation, deine Berufung und deine Träume nicht auf die lange Bank zu schieben und zugleich klug und besonnen vorzugehen. So werden deine Träume nachhaltig auf den Weg gebracht.

Muster mit Mitgefühl überwinden

Prokrastination

Prokrastination bedeutet, dich davon abhalten zu lassen, ins Tun zu kommen.

Darunter fallen Muster wie

- ◊ Fadenscheinige Ausreden: Ich muss noch Wäsche waschen. Dieses oder jenes Treffen kann ich nicht absagen. Ich habe keine Zeit.
- ◊ Blackouts, wie beim Schreiben eines Tests: Sobald du dich an die Ausarbeitung eines Planes setzt, ist plötzlich alles, was du eben noch innerlich an großen Träumen vor Augen hattest, nicht mehr greifbar.
- ◊ Symptome wie Müdigkeit, Abgeschlagenheit, Motivationslosigkeit im Zusammenhang mit deinen Träumen, Bequemlichkeit, mitunter sogar kleine Krankheitssymptome wie eine Erkältung, Kopfschmerzen oder Magenbeschwerden
- ◊ Ablenkungen wie soziale Netzwerke, Fernsehen, lesen, Musik hören, Drogenkonsum

Hinter all diesen Mustern stecken tieferliegende Blockaden, die aufzeigen, wovor zu dich fürchtest. Finde heraus, was deine heimliche Absicht in der Vermeidungsstrategie ist. Sei auch bereit, dich dabei professionell unterstützen zu lassen, wenn du wirklich willens bist, diese Muster zu durchbrechen.

Die Individualpsychologie von Alfred Adler kann wertvolle Hintergrundhinweise geben: Sie weist uns immer auf die Frage nach unserem **„Wozu?"** hin. Hiernach handelt der Mensch in seinen Mustern nicht nach einem rückwärts gerichteten Warum, sondern verfolgt eine heimliche Absicht, ein Ziel, welches ihm erst bewusst werden muss. Vielleicht vermeidest du durch die Ausrede der immerwährenden Müdigkeit eine zermürbende Absage bei einem Vorstellungsgespräch, um nicht das Gefühl von Minderwertigkeit spüren zu müssen. So kannst du dich weiter in der Wohlfühlzone befinden, in der zwar nichts geschieht, was dich weiterbringt – jedoch auch nichts, was dich verletzt. Auch Ablenkungen wie beispielsweise soziale Medien halten dein Gehirn beschäftigt und in der Illusion, dass das Leben sich bewegt und du lebendig bist – doch im Kern verbringst du deine Zeit damit, dich von deinem Weg ablenken zu lassen.

Schönreden

Eine große Gefahr auf dem Weg zu deinen Träumen findet sich auf dem Pfad der inneren Beruhigung: Wir tendieren aus einem Bedürfnis nach Sicherheit und Gewohnheit dazu, unsere aktuelle Situation damit schön zu reden, dass doch alles eigentlich ganz nett ist. Plötzlich fallen uns die positiven Seiten unseres alltäglichen Lebens auf (die ansonsten oft untergehen, weil wir unzufrieden sind), die uns dazu verleiten, unsere Komfortzone auf eine Weise wertzuschätzen, die uns von weiteren Schritten ins „gelobte Land" abhalten. An dieser Stelle sei betont: Dankbarkeit für das, was du hast, ist einer der wichtigsten Schritte in die richtige Richtung. Sie richtet dich darauf aus, deine Gegenwart und Zukunft positiv zu betrachten und als Teil der Lösung immer in eine hilfreiche Richtung zu schauen. Doch Dankbarkeit ist nicht mit der Ausrede des Schönredens zu verwechseln. Sei an dieser Stelle ehrlich zu dir selbst und hinterfrage dich, worum es genau geht: Ignorierst du den Hunger nach mehr in dir? Versuchst du, den leisen Ruf zu überhören, indem du dich auf all das Gute konzentrierst, mit dem du gesegnet bist? Oder ist es gerade wirklich richtig, in deiner Gegenwart noch ein wenig auszuharren?

Weltschmerz kann ausbremsen

Wenn du Weltschmerz mit dir herumträgst, kann dies dazu führen, dass du dich dafür verurteilst, nach mehr zu streben. Die Lebenssituationen von Menschen in Hunger, Armut, Krankheit und Leid kann dich zu Schuldgefühlen bezüglich deiner privilegierten Situation verleiten, so dass du dich nicht in der Position siehst, noch mehr für dich zu wünschen. Beachte hier: Wenn du dich entscheidest, deinem brennenden Herzen zu folgen und dein Mitgefühl in deiner ganz persönlichen Art in die Welt zu bringen, leistest du einen Beitrag zu einer besseren Zukunft. Es klingt abgedroschen, doch es ist kein Tropfen auf den heißen Stein. Als sensibler Mensch wirst du sicher schon oft erlebt haben, wie weit das Resonanzfeld eines Menschen reicht und dass schon ein fröhlicher Mensch einen ganzen Raum voll schlechter Laune erhellen kann. Unterschätze nicht die Kraft deiner Ausrichtung und die positiven Auswirkungen, die dein Traum auf die Welt haben kann, und wenn es „nur" in deiner unmittelbaren Umgebung geschieht. Es geht nicht darum, möglichst die ganze Welt zu retten. Ein solcher Gedanke überfordert dein Gehirn, ist viel zu weit gedacht und hält dich von den kleinen Schritten ab. So kannst du es auch mit dem Weltschmerz halten: Konzentriere dich auf das, was du mit deiner Begabung in deinem Verantwortungsbereich heilen kannst. Du musst kein Weltretter sein. Nimm mutig deinen Platz ein. Es wird dich zutiefst erfüllen, deine Begabung zur richtigen Zeit am richtigen Ort auszuleben.

Selbstwertgefühl

Ein gesundes Selbstwertgefühl gibt dir die Energie, am Ziel festzuhalten. Du weißt, dass dein Beitrag wichtig ist.

Der Grundgedanke von Mitgefühl ist, dass es jeder Mensch wert ist, dass ihm in seiner aktuellen Situation bedingungslose Aufmerksamkeit und Wertschätzung zufallen darf. Dies gilt für dich und für die Menschen, für die du da sein möchtest. Wenn du deinen Wert gefunden hast, ist die Grundlage für gesunde Empathie gelegt, mit deren Hilfe du achtsam deine Träume ansteuern und herausfinden kannst, welcher Schritt wann an der Zeit ist. Meist steht und fällt das Erreichen eines Traums mit den Beziehungen, die in dein Leben kommen. Durch einen gesunden Selbstwert wirst du Menschen begegnen, die sich für dich einsetzen und dich unterstützen, denn du strahlst aus, dass du es verdient hast und gerne annimmst.

Zudem werden sich deine Mitmenschen sehr gern mit dir umgeben, wenn du wohlwollend deine Anteile bearbeitest, die leicht in Opferdenken abrutschen, sich hinter Selbstmitleid verstecken oder beständigen Zuspruch von anderen benötigen, um sich liebenswert zu fühlen.

Mit einem gesunden Selbstwertgefühl kannst du deine Träume klar und geradlinig auf den Weg bringen. Es überzeugt Menschen, mit denen zu zusammenarbeiten möchtest, wenn du dir selbst deines Weges sicher bist.

> **Tipps**: So nutzt du Mitgefühl, um Prokrastination, Schönreden, Weltschmerz und einem fehlenden Gefühl für deinen Selbstwert wirkungsvoll zu begegnen:
>
> ◊ Schaffe dir Räume, in denen du bewusst und vollkommen unbewertet alles sagen darfst, was du befürchtest, wovor du dich drücken möchtest und warum du dich worin klein fühlst. Du kannst dein Tagebuch nutzen, ein Gespräch mit einem geliebten Menschen, der dir wohlgesonnen ist, eine Coachingsession, aber auch ein Ausdruckstanz, ein gemaltes Bild, bildende Kunst oder ein anderweitig kreativer Ausdruck. Deine Gefühle müssen nicht unbedingt nur in Worten ausgedrückt werden. Begib dich auf die Suche nach einem Weg, mit dem du dich authentisch und wohlfühlst. Begleite deinen Prozess aufmerksam, achtsam und mit einer Haltung der Selbstliebe.
>
> ◊ Beobachte dich selbst: An welchen Tagen in der Woche oder auch bestimmten Tageszeiten befindest du dich in einer Phase, in der die Vermeidungsstrategien nicht aktiv sind? Nutze deine kraftvollen, positiv ausgerichteten Phasen, um bewusst zu träumen und auch zu planen. Erstelle Mindmaps, tätige Anrufe, schreibe Tagespläne oder Visionen auf, die zeigen, wo du dich in einigen Wochen, Monaten befindest. Reflektiere darüber, welche praktischen Schritte notwendig sind, um deinen Traum umzusetzen. Nutze dein Mitgefühl für dich selbst in den Phasen, in denen du hoffnungsloser scheinst und dich eher zurückziehen möchtest. Und betrachte diesen Prozess wie eine Art Wellengang: Beide Seiten der Medaille

dürfen sein, es kommt und geht. Deinem Organismus und deiner Seele tut es gut, wenn alle deine inneren Zustände im Bild des großen Ganzen Platz haben dürfen.

◊ Betrachte auf lange Sicht, wohin sich dein Mitgefühl natürlicherweise wendet: Wenn du beobachtest, dass jemand auf der Straße Hilfe benötigt und du zur rechten Zeit zur Stelle sein kannst, nutze den Moment, um dein empathisches Herz handeln zu lassen. So teilst du deinem inneren System mit: Ich kann und möchte helfen. Ich kann es heute tun. Es ist keine ferne Zukunft, sondern real. Ich mache einen Unterschied. Du erlebst dich somit schon selbst in der Ausführung kleiner Schritte auf dem Weg zu deinem Traum – dies kann dir Freude und ein Gefühl von Selbstwirksamkeit vermitteln. Somit stärkst du den Reifungsprozess und erhältst immer stärker ein Gefühl dafür, wo deine dienende, mitfühlende Haltung dich auch selbst bereichert, wo deine Grenzen liegen und wo dein Herz aufgeht.

◊ Setze dir selbst Regeln in Fällen der Prokrastination: Erlaube dir zum Beispiel, für einen bestimmten Zeitraum mit ganzer Hingabe alles vor dich herzuschieben und deinem „inneren Schweinehund" freien Lauf zu lassen. Begrenze diese Phasen jedoch bewusst und wende dich danach wieder deiner Ausrichtung zu – auch, wenn du dich nicht danach fühlst. Hier ist Ehrlichkeit dir selbst gegenüber gefragt: Wenn du wirklich von ganzem Herzen Ruhe und Zeit benötigst, darfst und sollst du sie dir gönnen. Es geht nicht darum, dich auf deinem Weg auszubrennen. Es geht vorrangig darum, dich nicht unnötig auszubremsen. Innerlich kennst du die Wahrheit darüber, was gerade wirklich los ist.

Nachwort

Die letzten Worte in diesem Buch richten sich an dich persönlich:

Auf welcher Skala der Empathie du dich auch immer befindest, wo immer du deine wunden Punkte, Herausforderungen und auch deine Begabungen wahrnimmst, was dich innerlich motiviert, dich mit dem Thema Mitgefühl intensiv auseinander zu setzen – in diesem Moment darfst du wissen, du bist genau richtig, wie du gerade bist. Gelebte Empathie bedeutet, eine Atmosphäre zu unterstützen, in der wir einander wahrhaftig in unserem Ist-Zustand begegnen und uns gegenseitig zeigen: Alles, was du mit dir bringst, ist als Teil von dir und deiner Geschichte willkommen.

Deine Verletzlichkeit, Sanftmut, aber auch deine Ängste und Befürchtungen, deine Alltagsneurosen, Leidenschaften, Träume und Freuden ergeben ein individuelles Bild deiner Persönlichkeit, die, wie sie gerade ist, für dich und deine Liebsten als Ausgangspunkt für ein gemeinsames Erschaffen einer sicheren Atmosphäre dient. Jegliches gemeinsames Wachstum fußt auf einer Basis der vollkommenen, bedingungslosen Annahme – und auf dem Weg dorthin.

Hab Mut, dein Herz immer wieder neu in deinen persönlichen Beziehungen zu weiten und zu öffnen. Zeige dich, auch in deiner Unvollkommenheit und dem Zwischenstadium des Übens. Empathie ist die Schwester des wahren Sehens, welches nur mit echter Wertschätzung möglich ist.

Darum geht es im Kern beim Menschsein: Wir begegnen uns wahrhaftig und bauen gemeinsam ab, was zwischen uns steht.

Je tiefer du dein persönliches Geschenk des Mitgefühls anzuwenden lernst, umso intensiver und persönlicher gestalten sich deine Beziehungen und ihr schafft gemeinsames Ankommen – im So-Sein und in der Weiterentwicklung.

Quellen und weiterführende Literatur

Bak, P. M. (2015). *Zu Gast in Deiner Wirklichkeit: Empathie als Schlüssel gelungener Kommunikation.* Springer Spektrum.

Bauer, J. (2020). *Fühlen, was die Welt fühlt: Die Bedeutung der Empathie für das Überleben von Menschheit und Natur.* Karl Blessing Verlag.

Bergner, S. (2021). *Erfolgreich ist, wer mitfühlt - Emotionale Intelligenz: EQ - sich selbst & andere besser verstehen. Wie Sie Gefühle beeinflussen und Empathie lernen (German Edition).* Virtuoso Verlag.

Carpenter, K. (2020). *The Empath's Workbook: Practical Strategies for Nurturing Your Unique Gifts and Living an Empowered Life.* Rockridge Press.

Chapman, G. (1994). *Die fünf Sprachen der Liebe - Wie Kommunikation in der Partnerschaft gelingt.* Francke Buchhandlung GmbH.

Cuff, B. M., Brown, S. J., Taylor, L., & Howat, D. J. (2014). Empathy: A Review of the Concept. *Emotion Review, 8*(2), 144–153. https://doi.org/10.1177/1754073914558466

Davis, M. H. (2006). Empathy. *Handbooks of Sociology and Social Research*, 443–466. https://doi.org/10.1007/978-0-387-30715-2_20

de Rosa, W. (2021). *Becoming an Empowered Empath: How to Clear Energy, Set Boundaries & Embody Your Intuition*. New World Library.

Elliott, R., Bohart, A. C., Watson, J. C., & Greenberg, L. S. (2011). Empathy. *Psychotherapy*, *48*(1), 43–49. https://doi.org/10.1037/a0022187

Goleman, D. (2005). *Emotional Intelligence: Why It Can Matter More Than IQ*. Random House Publishing Group.

Hein, M. (2018). *Empathie: Ich weiß, was du fühlst*. GABAL Verlag GmbH.

Heintze, A. (2020). *Empathie – Was ist das eigentlich genau?* OpenMind Akademie - Ausbildungen und Metakognitives Coaching. https://open-mind-akademie.de/empathie-was-ist-das/

Heintze, A., & Hummer, A. H. (2018). *Die Gabe der Empathen: Wie du dein Mitgefühl steuerst und dich und andere stärkst*. mvg Verlag.

Jameson, S. (2018). *The Happy Empath's Workbook: Hands-On Activities, Worksheets, and Strategies for Creating a Joyous and Full Life*. Ulysses Press.

Krznaric, R. (2015). *Empathy: Why It Matters, and How to Get It*. TarcherPerigee.

Lüling, D., & Lüling, C. (2007). *Lastentragen - die verkannte Gabe*. Asaph Verlag.

McLaren, K. (2013). *The Art of Empathy: A Complete Guide to Life's Most Essential Skill*. Sounds True.

Orloff, J. (2018). *The Empath's Survival Guide: Life Strategies for Sensitive People*. Sounds True.

Orloff, J. (2019). *Thriving as an Empath: 365 Days of Self-Care for Sensitive People*. Sounds True.

Perry, B. D., & Szalavitz, M. (2011). *Born for Love: Why Empathy Is Essential--and Endangered*. William Morrow Paperbacks.

Riess, H., & Neporent, L. (2018). *The Empathy Effect: Seven Neuroscience-Based Keys for Transforming the Way We Live, Love, Work, and Connect Across Differences*. Sounds True.

Rogers, C. R. (2012). *Die klientenzentrierte Gesprächspsychotherapie*. FISCHER Taschenbuch.

Rohleder, L. (2017). *Die Liebe empathischer Menschen: Die Gratwanderung zwischen wahrer Liebe und seelischen Verletzungen*. dielus edition.

Schulz, C. (2021). *Einfach nachhaltiger und bewusster leben*. CareElite. https://www.careelite.de

Singer, T., & Klimecki, O. M. (2014). Empathy and compassion. *Current Biology, 24*(18), R875–R878. https://doi.org/10.1016/j.cub.2014.06.054

Spiro, H. (1992). What Is Empathy and Can It Be Taught? *Annals of Internal Medicine, 116*(10), 843. https://doi.org/10.7326/0003-4819-116-10-843

www.ingramcontent.com/pod-product-compliance
Lightning Source LLC
Chambersburg PA
CBHW071247070526
44583CB00017B/2358